Gruppi e Dinamiche di Gruppo: Il Contatto nell' Intergruppo e il Pregiudizio

EDOARDO
ZELONI MAGELLI

Autore:

Psicologo, Imprenditore e Consulente.
Edoardo Zeloni Magelli, nato a Prato nel 1984.

Nel 2010 subito dopo la laurea in Psicologia del Lavoro e delle Organizzazioni lancia la sua prima startup. Come Businessman è CEO di Zeloni Corporation, azienda di formazione specializzata in Scienze Mentali Applicate al Business. La sua azienda è il punto di riferimento per chiunque voglia realizzare una idea o un progetto. Come scienziato della mente invece è il padre della Psicologia Primordiale e aiuta le persone a potenziare le loro menti nel minor tempo possibile. Amante della musica e dello sport.

UPGRADE YOUR MIND → zelonimagelli.com

UPGRADE YOUR BUSINESS → zeloni.eu

Non sono solo i roghi di libri che mi preoccupano.
Sono i libri che non saranno mai scritti.
I libri che non saranno mai letti.
E tutto a causa del timore di censura.
Come sempre, i giovani lettori
saranno i veri perdenti.

Judy Blume

La censura è il figlio della paura
e madre dell' ignoranza.

Laurie Halse Anderson

Dedicato a chi ha censurato
la mia tesi universitaria:
"La Teoria della Realtà"

*Senza la vostra censura
questo testo non sarebbe mai stato scritto.*

Un ringraziamento speciale
agli studenti che hanno assistito alla
censura della mia tesi universitaria:
"La Teoria della Realtà"

*Quando osservi le marionette capisci
quanto è bello pensare in modo diverso,
muoverti in modo diverso
e provare cose diverse*

INDICE

1. Gruppo sociale   11

2. Le dinamiche di gruppo   15

3. Il pregiudizio   25

4. Il pregiudizio come processo intergruppi   31

5. Nuove forme di pregiudizio   37

6. Il conflitto   43

7. Il contatto intergruppo   51

8. Recenti modelli psicosociali   57

9. Future direzioni per la teoria del contatto nell' intergruppo   63

    9.1. Specificare i processi del contatto   71

    9.2 Una maggiore attenzione verso il contatto che conduce a effetti negativi: aumento di pregiudizio, sfiducia e conflitto   75

    9.3 Posizionare il contatto nel suo contesto sociale, longitudinale e a multi-livello   89

    9.4 Applicare il contatto alla politica sociale multi-livello   99

10. Il contatto e gli effetti sul funzionamento cognitivo e le valutazioni dell' outgroup   107

11. Suggerimenti per strategie didattiche   119

12. Extra   137

Ψ

ABSTRACT

Il pregiudizio è un tema che ha suscitato un grandissimo interesse nelle scienze umane e sociali, poiché fa riferimento ad ambiti e problemi - quali il rapporto con la diversità, la discriminazione, la convivenza civile, la pace, l' interculturalità - di estremo rilievo teorico, pratico, politico. Tale interesse si è intensificato a partire dal secondo dopoguerra, in relazione ai programmi discriminatori che si sono sviluppati intorno alle ideologie totalitarie, alle importanti forme di razzismo che hanno interessato gli Stati Uniti d' America e in tempi recenti per l' importante fenomeno migratorio che interessa l' Europa. Secondo l' ipotesi del Contatto (Allport, 1954), l' incontro tra membri di gruppi diversi, se avviene in condizioni favorevoli, può ridurre il pregiudizio.

Negli ultimi 20 anni, alcuni modelli teorici, che traggono la loro origine dalla teoria dell' identità sociale (Tajfel, 1981), si sono proposti di estendere l' ipotesi del contatto in particolare per individuare le condizioni che portano alla generalizzazione degli effetti positivi del contatto dai membri dell' outgroup conosciuti (outgroup prossimale) ai membri dell' outgroup non conosciuti (outgroup distale). Ci sono fattori negativi come l' ansia, l' autoritarismo e le restrizioni normative che meritano una maggiore attenzione perché possono diventare dei punti chiave per la ricerca futura del contatto intergruppi. Una tale enfasi consentirebbe una più completa comprensione delle condizioni che aumentano e inibiscono i potenziali effetti positivi del contatto.

Piuttosto che in un fenomeno situazionale, il contatto ha bisogno di essere piazzato in un contesto sociale, multi-livello e longitudinale.

*Un gruppo di persone
che condivide un obiettivo comune
può raggiungere l' impossibile.*

Anonimo

*Se le formiche si mettono d' accordo
possono spostare un elefante.*

Proverbio del Burkina Fasu

1

GRUPPO SOCIALE

In sociologia e psicologia sociale si definisce gruppo un insieme di persone che interagiscono le une con le altre in modo ordinato sulla base di aspettative condivise riguardanti il rispettivo comportamento. È un insieme di persone i cui status e i cui ruoli sono interrelati. Dato che gli esseri umani sono fondamentalmente animali portati a cooperare, i gruppi sono una parte vitale della struttura sociale. I gruppi si formano e si trasformano costantemente; non è necessario che siano autodefiniti e spesso sono identificati dall' esterno. I gruppi vengono tenuti insieme dalla cosiddetta coesione, ossia dall' intensità della relazione tra i membri in ciascun gruppo. La coesione è determinata da molti fattori tra i quali vi sono l' attrazione mutuale (ossia che i membri provano attrazione l'uno verso l'altro) o l' identificazione quanto un membro si identifica col gruppo.

Perché nascono i gruppi? Nella nostra vita il gruppo costituisce una parte fondamentale: siamo nati in un gruppo, cioè la famiglia, in classe impariamo in gruppo, giochiamo in gruppo. Da quando l'uomo si trova sulla Terra, egli ha sempre vissuto in gruppo. Con il gruppo noi possiamo soddisfare dei bisogni, siano essi biologici o psicologici, che da soli non possiamo soddisfare. Quindi il gruppo ha obiettivo di migliorare la sopravvivenza dell'individuo. Gli psicologi sociali evoluzionisti dicono che la selezione naturale favorisce non chi vive in isolamento, ma chi vive in gruppo. Un gruppo di persone è un insieme di individui che si riunisce in un luogo e con delle finalità comuni più o meno dichiarate ed esplicite. La persona porta dentro di sé delle caratteristiche fisiche, psicologiche, attitudinali, caratteriali, relazionali, emotive ed affettive, che sono determinate dalla storia passata, dalla situazione presente e dalle aspettative future.

Possiamo definire questa persona come una unità complessa aggiungendo che ha come altra peculiarità quella di avere la capacità dinamica di modificarsi e di modificare l' ambiente circostante. Il grado di plasticità che ogni persona possiede è molto variabile e può andare da una capacità minima di cambiamento alla massima disponibilità.

Qual è il suono
di una sola mano
che applaude?

Koan Zen

Ci vogliono due pietre focaie
per accendere il fuoco.

Louisa May Alcott

2

LE DINAMICHE DI GRUPPO

Il concetto di dinamica di gruppo è introdotto in psicologia da Kurt Lewin per indicare le relazioni che interessano un gruppo e che ne influenzano lo sviluppo e la condotta. Studioso appartenente, almeno all' origine, alla corrente di pensiero che si richiama alla teoria della Gestalt, ipotizza che il sistema delle relazioni e delle comunicazioni che caratterizza un gruppo possa essere considerato come una sorta di **"campo"**, dove le forze si distribuiscono e si concentrano non casualmente per seguire andamenti legati ad equilibri e a tensioni connesse alla vita associativa.

All'interno di un gruppo, o fra sottogruppi, si stabiliscono legami soggetti a un cambiamento che derivano da una interferenza fra le condizioni individuali, caratteristiche di ciascun partecipante, e quelle gruppali, dovute alle interazioni sociali e alle percezioni interpersonali. La dinamica di gruppo si propone quindi di analizzare l' andamento delle relazioni gruppali; la sua struttura e il suo fluire. Nonostante i contributi offerti da diversi autori (dopo Lewin) abbiano reso molto più complesso il problema e abbiano introdotto principi interpretativi talora anche molto distanti fra loro: come quello sociometrico e quello psicoanalitico, ad esempio, possiamo dire che sia possibile evidenziare una serie di caratteri comuni che sono ritrovabili all' interno di ogni gruppo.

Con l' espressione dinamica di gruppo si indica l' evolversi delle relazioni nel gruppo. Tuckman (1965) propose un **modello di evoluzione della vita di gruppo** che consiste in cinque fasi sequenziali:

- **Forming** (formazione)

I membri del gruppo si orientano e comprendono quale debba essere il comportamento nei riguardi del coordinatore e degli altri membri.

- **Storming** (conflitto)

Si sviluppa un clima di ostilità verso gli altri membri del gruppo e/o verso il leader, soprattutto per l' incertezza dovuta a mancanza di direttive e di sostegno psicologico, per la mancanza di strutturazione e per la resistenza alla struttura. Si sviluppa una resistenza emotiva di fronte alle esigenze del compito da svolgere come espressione alla propria indisponibilità.

- Norming (strutturazione)

I membri si accettano vicendevolmente, e si sviluppano delle norme di gruppo alle quali tutti si sentono impegnati.

- Performing (attività)

I membri del gruppo accettano il loro ruolo e lavorano per raggiungere i fini preposti.

- Adjourning (aggiornamento)

I membri del gruppo decidono una sospensione delle attività al fine di valutare il modus operandi e i risultati eventualmente ottenuti.

La coesione di gruppo definisce il livello di solidarietà fra i membri, ma anche la condivisione di norme e il relativo senso di appartenenza. Questa coesione è determinata anche da fattori emotivi. Con l' espressione **processi dinamici di gruppo** ci si riferisce invece alle dinamiche relazionali ed affettive che hanno luogo nei gruppi terapeutici (il concetto è particolarmente usato in ambito Gruppo-analitico). Ora vedremo come il gruppo, considerato nel suo insieme, si muove sul piano delle principali dinamiche nelle sue varie fasi di vita, similmente a ciò che avviene in un organismo vivente, e che possiamo riscontrare in quasi tutti i gruppi.

Il primo movimento riguarda **la nascita del gruppo**, che trasforma i suoi membri e il contesto esterno in un modo attraente e repulsivo allo stesso tempo. Vi è una oscillazione tra il desiderio e la paura. Il desiderio della novità, dello scambio tra pari, della creazione di un nuovo soggetto, della possibile solidarietà e del reciproco incremento di forza per realizzare le attività. La paura è quella della inevitabile mutazione che verrà operata dal gruppo nei membri e nel contesto, e che produrrà dei momenti di insicurezza e di crisi richiedendo un certo impegno per essere superato.

Un' altra dinamica importante è quella della **crescita** intesa come rafforzamento affinamento delle competenze, aumento della sicurezza, ricerca di soddisfazione con la propria autonomia. Ogni oscillazione della crescita mette il gruppo di fronte al cambiamento, cioè all' ipotesi di avanzare ed a quella di frantumarsi. Ogni ruolo e ogni norma che un solo membro cerca di cambiare, richiede la messa in discussione dell' intero assetto del gruppo.

La dinamica che attraversa quasi costantemente la via di un gruppo è **il movimento tra differenziazione e comunione**. Il gruppo è un insieme di diversità che da un lato cercano la comunione e la condivisione ma che da un altro lato vuole mantenere con la differenziazione le caratteristiche degli individui, la loro identità. Il movimento del gruppo sarà verso il massimo grado di integrazione e di differenziazione, aumentando l' unità e insieme valorizzando le singolarità individuali.

Con **la decisione** siamo in presenza di uno dei movimenti più faticosi perché la scelta di qualcosa significa l' esclusione di qualcos' altro. Poiché le scelte vengono fatte in base alle opzioni proposte dai singoli, si può comprendere come l' eventuale esclusione alimenti il fantasma del senso di colpa e la conseguente inadeguatezza rispetto agli altri membri del gruppo. Lo sforzo di prevenire ad una decisione creativa che comprenda tutte le opzioni è molto difficile se non impossibile.

La dinamica dell' **azione**, intesa come il movimento per l' attuazione di un compito, è un momento in cui il gruppo viene messo a confronto con la realtà. A livello emotivo abbiamo uno stato di tensione insieme ad uno di timore, cioè il desiderio di mettere in atto l' attività è affiancato dalla voglia di sfuggirlo.

Con la dinamica dello **specchio** il gruppo ha la possibilità di riflettere su se stesso, sulla modalità di azione e di interazione. Ci vuole un buon livello di forza emotiva, di sicurezza e di autostima per guardare in faccia la realtà, per specchiarsi. Il rischio che c' è dietro a questa dinamica è rappresentato dall' eccessiva autocritica o dall' eccesso di autocompiacimento. Tra gli estremi del "non va bene niente" e del "siamo troppo bravi", bisogna riuscire ad individuare oggettivamente i punti di forza e di debolezza insiti nel gruppo, e il conduttore in questo caso può avere un ruolo importante come osservatore esterno per bilanciarne gli effetti.

E per finire ci sono **le difese** che il gruppo, ma anche i singoli, mettono in atto per controllare, rallentare o arrestare un processo di cambiamento. In via ordinaria le difese sono un indicatore di buona salute, ma quando diventano fisse e insistenti possono provocare asfissia e paralisi nel gruppo o nei suoi membri. Non si tratta tanto di smantellare le difese, perché ciò comporterebbe la fuga dei membri dal gruppo o la loro ulteriore chiusura, quanto di renderle evidenti, esplicite e consapevoli per dare al gruppo la possibilità e la libertà di superarle. A seconda del tipo di paura sottostante possiamo incontrare varie modalità difensive tanto a livello di gruppo che individualmente.

Fig.1 La Dinamica di Gruppo (Zeloni Magelli, 2010)

*E' più facile spezzare un atomo
che un pregiudizio.*

Albert Einstein

*Ogni persona che incontri sta combattendo
una battaglia di cui non sai nulla.
Sii gentile. Sempre.*

Platone

3

IL PREGIUDIZIO

Un pregiudizio è uno schema mentale, una semplificazione, una distorsione della realtà ed è un fenomeno sociale radicato nel sistema normativo della società. E' un atteggiamento di un gruppo sociale nei confronti di un altro gruppo, basato unicamente sulla loro appartenenza di gruppo. Immaginate che vi venga comunicato che il prossimo semestre dividerete la stanza con uno studente proveniente dalla Gran Bretagna, o dalla Francia, oppure dall' Arabia saudita, o da Israele. Il semplice fatto di sapere che il vostro nuovo compagno di stanza viene da un particolare paese tenderà a innescare in voi certi atteggiamenti basati su determinate convinzioni di come sarà quella persona (gli inglesi sono riservati, i francesi hanno una sensibilità artistica, gli americani sono seri e intraprendenti e così via). Alcuni di questi atteggiamenti saranno positivi, altri negativi.

Benché il pregiudizio sembri essere universale, per alcuni aspetti esso varia da cultura a cultura, cosicché, per esempio, il pregiudizio verso i francesi cambia se ci spostiamo dal Canada all' Algeria (Moghaddam, 2002). Nel 1977 venne condotto un esperimento sui **pregiudizi dell' aspetto fisico** (Snyder, Tanke e Bershied, 1977). I ricercatori indussero i soggetti presi in esame a credere, tramite fotografie fasulle, che la persona con cui stavano parlando al telefono fosse una donna attraente o, viceversa, poco attraente. Tale rappresentazione anticipata innescava nello interlocutore comportamenti differenti; lo stile di interazione delle donne attraenti era giudicato come più amichevole, più socievole e più piacevole di quello delle donne non attraenti.

In un **esperimento** (Tajfel & Wilkes, 1963) venne chiesto a dei partecipanti di stimare la lunghezza di otto linee che nella realtà differivano tra loro secondo un rapporto costante. Per i partecipanti nella Condizione 1, le quattro linee più corte vennero etichettate A e le quattro più lunghe B. Per i partecipanti nella Condizione 2, le otto linee vennero mostrate senza alcuna etichetta. Dopo una serie di presentazioni, i partecipanti nella Condizione 1 manifestarono la sistematica tendenza a esagerare le differenze tra le linee dei gruppi A e B e anche vedere le linee all' interno di ciascuna categoria come più simili per lunghezza di quanto effettivamente non fossero.

Questo effetto di **differenziazione tra i gruppi** e di **omogeneità all' interno del gruppo** non comparve nelle stime effettuate dai partecipanti posti nelle altre due condizioni.

Vi chiederete cosa ha che fare col pregiudizio la stima della lunghezza di alcune linee. Molto, perché le medesime fondamentali conseguenze della categorizzazione potrebbero essere presenti nella **categorizzazione delle persone**. La ricerca su come gli individui percepiscono i membri di gruppi interni in contrapposizione ai membri di gruppi esterni fornisce dati che suffragano questa visione (Judd & Park, 1988). Sembra che la maggior parte degli individui percepisca più variabilità nel proprio gruppo (<<Siamo individui diversi con le nostre peculiari personalità>>) che non nei gruppi esterni (<<Mi sembrano tutti uguali, davvero non riesco a distinguerli>>). Una delle conseguenze pratiche di questa distorsione percettiva è che nei procedimenti legali i testimoni sono più precisi nell' identificare i membri del loro stesso gruppo etnico rispetto ai membri di altri gruppi etnici (Anthony, Copper e Mullen, 1992).

Non giudicate
e non vi sbaglierete mai.

Jean Jacques Rousseau

Piccolo è il numero di persone
che vedono con i loro occhi
e pensano con le loro menti.

Albert Einstein

4

IL PREGIUDIZIO COME PROCESSO INTERGRUPPI

Il pregiudizio è un tema che ha suscitato un grandissimo interesse nelle scienze umane e sociali, poiché fa riferimento ad ambiti e problemi - quali il rapporto con la diversità, la discriminazione, la convivenza civile, la pace, l' interculturalità - di estremo rilievo teorico, pratico, politico. Tale interesse si è intensificato a partire dal secondo dopoguerra, in relazione ai programmi discriminatori che si sono sviluppati intorno alle ideologie totalitarie, alle importanti forme di razzismo che hanno interessato gli Stati Uniti d' America e in tempi recenti per l' importante fenomeno migratorio che interessa l' Europa.

Eminenti studiosi hanno indicato come **basi del pregiudizio** alcune caratteristiche personalitarie, riducendolo ad un **fenomeno essenzialmente individuale**, seppure influenzato da processi sociali come l' educazione familiare (Adorno, Frenkel-Brunswick, Levinson e Sandford, 1950).

La **prospettiva psico-sociale**, invece, ha il suo proprium nell' intendere il pregiudizio come un processo intergruppi (Brown, 1995). Nella tradizione psicosociale, difatti, è possibile trovare approcci e teorie che, seppure con argomentazioni differenti, spiegano il pregiudizio e la discriminazione come fenomeni legati a dinamiche gruppali.

A partire dal lavoro, ormai classico, di Allport (1954), si è creato un ampio consenso tra gli studiosi sull' assunto che alla base del pregiudizio ci sia sempre una categorizzazione sociale: **il pregiudizio è tale proprio perché viene subìto da un individuo in quanto membro di una specifica categoria.** Nei famosi studi condotti su situazioni intergruppi minimali, Tajfel e colleghi (1971) hanno trovato evidenze a sostegno della tesi secondo cui la categorizzazione in gruppi differenti (ingroup vs. outgroup) è condizione necessaria e sufficiente affinché si sviluppi il conflitto intergruppi e si pongano le basi per la discriminazione dei membri dell' outgroup. **La Teoria dell' Identità Sociale** (Tajfel e Turner, 1979) afferma che il favoritismo per l' ingroup e la discriminazione dell' outgroup si fondano sulla motivazione individuale a mantenere alta l' autostima: essendo l' immagine di sé fortemente legata ai gruppi con cui il soggetto si identifica, egli si impegnerà in una serie di confronti sociali in cui tenderà a promuovere un' immagine positiva dei propri gruppi a scapito dei gruppi estranei.

D' altra parte è stato ampiamente dimostrato che, al di là della mera categorizzazione, diversi sono i fattori che possono influenzare il conflitto intergruppi (Rubini e Moscatelli, 2004). Nel modello di Sherif (1967), **la compatibilità degli scopi** che i gruppi si prefiggono è un fattore fondamentale nella genesi del conflitto intergruppi. Condividere uno scopo, infatti, è secondo l' autore la base dell' interdipendenza tra i membri dell' ingroup e della cooperazione al suo interno; allo stesso modo, il fatto che ingroup e outgroup abbiano scopi incompatibili genera una situazione di interdipendenza negativa tra i due gruppi che determina il conflitto. In altri termini, il conflitto tra gruppi è determinato dalla competizione che deriva da scopi inconciliabili e/o scarsità di risorse.

Questo modello, noto come **Teoria del Conflitto Realistico** (Campbell, 1965; Sherif, 1967) è stato messo in discussione dagli studi di Tajfel e collaboratori; nondimeno, lo stesso Tajfel (1982) ha riconosciuto l' importante ruolo che l' interdipendenza su base oggettiva/strumentale riveste nei conflitti intergruppi, ponendo le basi per il pregiudizio e la discriminazione. Nella letteratura internazionale, anche recente, si trovano diverse conferme dell' effetto negativo che la competizione su basi reali/materiali esercita sugli atteggiamenti intergruppi (Esses, Dovidio, Jackson e Armstrong, 2001; Moghaddam, 2008), ed emergono come temi di estremo rilievo le complesse interazioni tra competizione, cooperazione, identità sovraordinata e percezione di somiglianza con l' outgroup (Brewer, 2005; Riketta e Sacramento, 2008).

Ascoltare senza pregiudizi o distrazioni
è il più grande dono che
puoi fare a un' altra persona.

Denis Waitley

Le persone giudicano sempre gli altri
avendo come modello i propri limiti
e a volte l' opinione della comunità
è piena di preconcetti e timori.

Paulo Coelho

5

NUOVE FORME DI PREGIUDIZIO

Nella letteratura psicosociale, negli ultimi decenni l' interesse degli studiosi si è concentrato sulle "nuove" forme di pregiudizio, ovvero sulle espressioni indirette e meno evidenti di discriminazione dell' outgroup che permangono nel mondo contemporaneo, nonostante la diffusa normativa sociale che rende poco desiderabili le espressioni di pregiudizio nei confronti delle minoranze (Pettigrew e Meertens, 1995). Pertanto, a fianco delle "vecchie" (old fashioned) forme di pregiudizio, sono stati proposti costrutti teorici che fanno riferimento a forme di pregiudizio più sottili e meno socialmente indesiderabili: il razzismo moderno (Akrami, Ekehammar e Araya, 2000; McConahay, 1986), il sessismo moderno (Benokraitis e Feagin, 1986), il razzismo "aversivo" (Gaertner e Dovidio, 1986), il pregiudizio sottile (Pettigrew e Meertens, 1995), il razzismo simbolico (Sears, 1988). Parallelamente allo sforzo di concettualizzazione teorica, gli studiosi hanno portato avanti un lavoro metodologico che ha consentito nuovi sviluppi rispetto alla misurazione delle diverse forme di pregiudizio: attualmente si dispone di un ampio set di tecniche che sono diversamente soggette al controllo intenzionale delle persone, quindi all' **influenza della desiderabilità sociale** (Maass, Castelli, Arcuri, 2005), che vanno dal tradizionale questionario carta e matita alla registrazione di indici fisiologici quali la conduttanza cutanea (La Barbera, Andrighetto e Trifiletti, 2007).

Tra questi due estremi troviamo alcune misure che permettono ai soggetti solo un "certo" grado di controllo intenzionale; tali tecniche hanno avuto una rapida fortuna grazie alla loro capacità di combinare i pregi degli strumenti self report strutturati (bassa intrusività, alta efficienza in termini di costo-contatto) con un livello di misurazione e rappresentazione dei fenomeni più raffinato e complesso rispetto a strumenti "carta e matita" più tradizionali.

Tra questi ultimi strumenti vi è la nota **scala di pregiudizio manifesto e sottile** di Pettigrew e Meertens (1995), che ha suscitato un ampio dibattito a livello teorico e metodologico (Pettigrew e Meertens, 2001, e Coenders, Scheepers, Snidermann e Verberk, 2001; Leone, Chirumbolo e Aiello, 2006, e Mancini e Carbone,

2007) ed è stata utilizzata e validata in diversi Paesi (Hamberger e Hewstone, 1997; Pedersen e Walker, 1997; Rueda e Navas, 1996; Vala, Brito e Lopes, 1999).

Pettigrew e Meertens (1995) distinguono gli aspetti manifesti (blatant) del pregiudizio, maggiormente controllabili e socialmente indesiderabili, dagli aspetti sottili (subtle), relativi ad una componente indiretta e più profonda di rifiuto dell' outgroup.

Nella proposta teorico-metodologica degli autori, **il pregiudizio manifesto** ha due componenti, **la minaccia percepita** da parte dell' outgroup ed **il rifiuto dell' intimità** con i membri di quest' ultimo, mentre **il pregiudizio sottile** consta di tre componenti, **la difesa dei valori e delle tradizioni** dell' ingroup, l' **esasperazione delle differenze** ingroup-outgroup ed infine **la soppressione delle emozioni positive** nei confronti dei membri del gruppo estraneo. I due studiosi hanno costruito e validato su un ampio campione europeo un questionario per misurare le due forme di pregiudizio; esso è costituito da 20 item (10 per il pregiudizio manifesto ed altrettanti per quello sottile) rispetto ai quali viene chiesto ai rispondenti di indicare il proprio grado di accordo mediante una scala tipo Likert a 4 passi. Le scale di

Pettigrew e Meertens sono state tradotte e validate in Italiano da Arcuri e Boca (1996) ed utilizzate in numerosi studi sul pregiudizio nei confronti di gruppi-target differenti.

*Il conflitto è componente integrante
della vita umana
si trova dentro di noi
e intorno a noi.*

Sun Tzu

*I più grandi conflitti non sono tra due persone
ma tra una persona e se stessa.*

Troyal Garth Brooks

6

IL CONFLITTO

L' **Ipotesi del contatto di Allport** (1954): Per ridurre la tensione intergruppi è necessario che vengano soddisfatte una serie di condizioni:

- Eguale status fra i due gruppi in contatto

Se la situazione non è equilibrata e uno dei gruppi è in posizione inferiore è probabile ottenere un rafforzamento degli stereotipi correnti.

- Cooperazione/esperienza di successo

I due gruppi devono cooperare per raggiungere uno scopo comune. Se le persone dipendono reciprocamente per l' acquisizione di uno scopo, hanno ragioni strumentali per sviluppare relazioni più amichevoli.

- Rapporti personali e approfonditi

Approfondimento della conoscenza a livello

personale, che può portare a una falsificazione di alcuni stereotipi negativi dell' outgroup grazie alle nuove informazioni. Non necessariamente conduce ad una percezione di maggiore somiglianza.

- Sostegno istituzionale e sociale

Ci sono due punti, Il primo è un intervento diretto da parte dell' autorità e una possibilità di sanzioni in caso di rapporti fra gruppi scorretti o episodi di discriminazione. L' altro punto è che le esperienze di contatto non possono essere episodi isolati o limitati a un solo contesto (scuola, lavoro, casa...) perché sarebbero vissuti come eccezioni alla norma di separazione fra i gruppi.

In una ricerca, Sherif e colleghi fecero in modo che due gruppi di studenti, tra loro rivali, cooperassero per il perseguimento di obiettivi superordinati, cioè mete che avevano un forte richiamo per i due gruppi, ma impossibile da raggiungere se non con l' impegno congiunto di tutti. Vennero create delle situazioni problematiche ad hoc dove i due gruppi dovevano collaborare e pian piano questi si resero conto della fallacia delle reciproche credenze riguardanti l' altro gruppo. I ricercatori ebbero la conferma definitiva della soluzione del conflitto quando i componenti dei due gruppi trascorsero insieme una sera cantando e suonando allegramente. Questo esperimento permise a Sherif di articolare la Teoria del Conflitto Realistico (Sherif, 1966).

L' ostilità tra gruppi è determinata dalla competizione per il possesso di risorse materiali. L' esistenza di interessi contrapposti dà luogo a una serie di mutamenti nella relazione intergruppi per cui gli individui cominciano a pensare in modo stereotipato e a nutrire atteggiamenti pregiudiziali nei confronti dell' outgroup. Altre ricerche confermano questa ipotesi (Haslam et al., 1992; Taylor e Moriarty, 1987).

Ci si è chiesto se la semplice **appartenenza di gruppo** potesse influenzare gli atteggiamenti e la condotta nei confronti degli individui che non ne fanno parte. Tajfel a questo proposito mise a punto un modello detto **"Paradigma dei gruppi minimi"**. Nei suoi esperimenti, per individuare le condizioni minime che danno luogo a fenomeni di discriminazione nei confronti di un outgroup venivano creati dei "gruppi" privi di una struttura interna.

In una ricerca (Tajfel, Billing, Bundy, Flament., 1971) i soggetti credevano di dover prendere parte ad un esperimento sulla presa di decisione. Il loro primo compito era di esprimere un giudizio di gradimento su una serie di dipinti di due autori. Poi venne comunicato loro che sulla base delle loro preferenze sarebbero state suddivisi in due gruppi. Non conoscevano l' identità dei loro compagni nè quella dei membri dell' altro gruppo. I soggetti avevano il compito di decidere come distribuire delle piccole somme di denaro tra tutti i partecipanti, escludendo se stesso. Essendo una situazione "minima" ci si aspettava che i soggetti assegnassero delle ricompense più o meno equivalenti tra i membri dei due gruppi invece i soggetti tendevano a favorire i componenti del proprio gruppo. Questo aveva luogo anche a costo di rinunciare al massimo profitto per l' ingroup.

Perchè questo favoritismo per l' ingroup? Secondo **la Teoria dell' Identità Sociale** di Tajfel e Turner (1979) una condizione necessaria ma non sufficiente per il verificarsi della condotta improntata al favoritismo nei confronti dell' ingroup è la categorizzazione. La teoria dell' identità sociale sottolinea come ognuno di noi tende ad andare a caccia di elementi che differenzino in positivo il proprio gruppo di appartenenza.

Teoria della deprivazione relativa (Davis, 1959): È il confronto con un gruppo esterno ritenuto migliore che porta a uno stato di deprivazione relativa, cioè a un' insoddisfazione riguardo alle condizioni di vita attuali (Runciman, 1966). Alcuni prerequisiti che conducono allo stato di deprivazione relativa:

- *l' outgroup deve essere simile all' ingroup e avere qualche caratteristica che si desidera*

- *tale caratteristica si deve ritenere spettante di diritto anche al proprio gruppo*

- *l' assenza della caratteristica desiderata deve ritenersi attribuibile a fattori esterni al gruppo più che a colpe dello stesso.*

La categoria sociale è una caratteristica saliente del **conflitto intergruppi**, rendendo la categoria sociale meno rilevante si assiste a una riduzione di stereotipi e pregiudizi. Questo è quanto proposto da Brewer e Miller (1984) con il **"modello della decategorizzazione"** un contatto ripetuto nel tempo con l' outgroup dovrebbe portare ad una falsificazione delle credenze negative ad esse associate. Se si vuole giungere ad una relazione intergruppi improntata alla tolleranza reciproca occorre operare una ricategorizzazione. Un altro sistema che si propone di risolvere il conflitto intergruppi si basa sulla **cooperazione** per il raggiungimento di obiettivi superordinati. Una delle applicazioni più famose della strategia degli obiettivi superordinati è nota come **"tecnica didattica dei puzzle"** (Aronson et al. 1978; Aronson e Bridgeman, 1979) ed è volta a ridurre l' antogonismo esistente tra compagni di classe appartenenti ad etnie e razze differenti.

Fig.2 Il Contatto Intergruppo (Zeloni Magelli, 2010)

Non vi è progresso senza conflitto
questa è la legge che la civiltà
ha seguito ai nostri giorni.

Karl Marx

Siamo sempre lo straniero di qualcun altro.
Imparare a vivere insieme è
lottare contro il razzismo.

Tahar Ben Jelloun

7

IL CONTATTO INTERGRUPPO

Secondo l' Ipotesi del Contatto (Allport, 1954), l' incontro tra membri di gruppi diversi, se avviene in condizioni favorevoli, può ridurre il pregiudizio. Negli ultimi 20 anni, alcuni modelli teorici, che traggono la loro origine dalla teoria dell' identità sociale (Tajfel, 1981), si sono proposti di estendere l' ipotesi del contatto in particolare per individuare le condizioni che portano alla generalizzazione degli effetti positivi del contatto dai membri dell' outgroup conosciuti (outgroup prossimale) ai membri dell' outgroup non conosciuti (outgroup distale).

Secondo la **teoria del contatto intergruppi** (Brown & Hewstone, 2005), la generalizzazione è possibile se, nel contatto, viene preservata la salienza delle identità originarie. Secondo il **modello dell' identità dell' ingroup comune** (Gaertner & Dovidio, 2000), la salienza nel contatto di un' identità sovraordinata, che includa sia i membri dell' ingroup sia quelli dell' outgroup, può facilitare la riduzione del pregiudizio.

Il contatto tra membri di gruppi diversi, tuttavia, può anche produrre conseguenze negative, quali ansia e incertezza (Stephan & Stephan, 1985). Richeson e Shelton (2003; vedi anche Richeson Trawalter, & Shelton, 2005) hanno dimostrato che il contatto intergruppi può influenzare negativamente le prestazioni cognitive. In una serie di studi, Richeson e collaboratori hanno dimostrato che la **prestazione in un compito di tipo cognitivo** (Stroop Test) era peggiore per quelli che avevano contatto con un membro dell' outgroup, rispetto a quelli che incontravano un membro dell' ingroup. Inoltre, tale effetto era presente solo nei partecipanti con elevati livelli di pregiudizio esplicito o implicito.

La ricerca e la teoria del contatto nell' intergruppo ha ricevuto un rinnovato interesse negli anni recenti. C' è un continuo bisogno di **specificare i processi del contatto intergruppo** che spiegano i suoi molti effetti. Questa è una chiamata per sforzi continui, per determinare i molti mediatori e moderatori che sono coinvolti. E' richiesta una attenzione maggiore verso il contatto negativo. L' interazione tra il cross-group che porta ad un aumento del pregiudizio non è stato studiato sistematicamente. Piuttosto che un fenomeno situazionale, il contatto ha bisogno di essere piazzato in un contesto sociale, multilivello e longitudinale. Sono necessarie più dirette applicazioni alla politica sociale, nel quale il contatto è considerato entro specifiche collocazioni istituzionali.

Il **pregiudizio etnico** può essere a volte rinforzato dal contatto. Il gruppo dominante può sentirsi minacciato da quello minoritario che "occupa" spazi e risorse (es. si prendono i posti di lavoro, le case popolari, ecc.). L' importanza delle emozioni provate (es. irritazione se la prossimità è maggiore) e il problema della generalizzazione dell' effetto (es. mi piace il mio amico Jamal, che per essere un marocchino è proprio bravo, ma gli altri...).

*La tua vita risulta più interessante
se indossi abiti con un' identità.*

Vivienne Westwood

*Abbiamo soltanto bisogno di un silenzio
di una pausa, di un amnistia:
tempo di riallacciare rapporti
con la nostra identità autentica.*

Christiane Singer

8

RECENTI MODELLI PSICOSOCIALI

I modelli più recenti proposti per migliorare le relazioni intergruppi si basano sull' induzione di cambiamenti in come le persone usano le categorizzazioni sociali e sono la *decategorizzazione*, la *ricategorizzazione* e la *mutua differenziazione*.

Decategorizzazione

Propone che se l' appartenenza di gruppo perde la priorità sulla considerazione dell' altro, a favore del contatto personalizzato, allora sarà possibile un incontro a livello interpersonale piuttosto che intergruppi: questo dovrebbe facilitare la riduzione del favoritismo verso il proprio gruppo (Brewer e Miller, 1984). Uno dei problemi con questo approccio è la difficoltà di generalizzazione, dall' incontro interpersonale con quella/quelle persone al miglioramento dell' atteggiamento verso l' intero gruppo di minoranza etnica.

Ricategorizzazione

Mira a strutturare la categorizzazione di gruppo ad un livello più elevato e più inclusivo. Si ottiene aumentando la salienza di appartenenze di gruppo incrociate o sovraordinate, facilitando il fatto che le persone percepiscano l' altro come membro di un gruppo vicino al proprio su una data dimensione, migliorando così le relazioni integruppi. Un esempio è l' introduzione di una identità ingroup comune (Gaertner e Dovidio, Anastasio, Bachman e Rust, 1993), trasformando la rappresentazione dell' appartenenza a due gruppi ad un unico gruppo inclusivo. (Es. siamo sì bianchi e neri ma siamo tutti studenti della stessa scuola).

Mutua differenziazione

Incoraggia i gruppi a enfatizzare le loro distintività ma in un contesto di interdipendenza cooperativa. In pratica si tratta di salvaguardare le differenze fra gruppi/culture (laddove spesso le minoranze si sentono minacciate nella loro specificità dai tentativi di integrazione) sottolineando comunque che gli incontri avvengono con membri tipici di un gruppo e non con membri atipici, cioè singoli individui magari simpatici ma che non rappresentano affatto il gruppo etnico di appartenenza. Questo dovrebbe consentire la modifica degli stereotipi e la generalizzazione degli atteggiamenti positivi verso l' intero outgroup (Hewstone & Brown, 1986).

*Le persone hanno pregiudizi su nazioni
di cui non hanno alcuna cognizione.*

Philip Gilbert Hamerton

*La mia speranza per il pianeta
risiede nei miei figli e nipoti.*

Joanne Woodward

9

FUTURE DIREZIONI PER LA TEORIA DEL CONTATTO NELL' INTERGRUPPO

In letteratura, centinaia di saggi e capitoli di libri sono apparsi sul contatto intergruppo durante gli ultimi decenni. Questo intenso rinnovato interesse per la modesta ipotesi di Allport (1954) ha condotto a un' area germogliante della psicologia sociale delle relazioni di intergruppo. L' ipotesi si è estesa in una teoria sviluppata (Brown & Hewston, 2005; Pettigrew, 1998) e mostra la sua applicabilità a una vasta varietà di gruppi e collocazioni. La sua principale argomentazione è che il contatto tipicamente diminuisce **il pregiudizio nell' intergruppo** e questo ha ricevuto un solido supporto meta-analitico. Una meta-analisi di 516 studi ha ottenuto una misura media d' effetto tra il contatto e il pregiudizio di r= -0.21. E' risultato anche che il 95% dei 516 studi riportano una correlazione negativa tra il contatto e il pregiudizio di molti tipi. Ma c'è grande eterogeneità nelle misure di pregiudizio, rilevando più ampi effetti di indicatori cognitivi e stereotipi. Una più rigorosa e recente ricerca con studi sperimentali ha prodotto una media più alta, producendo un effetto di r= -0.33. Questi risultati e le loro implicazioni hanno iniziato uno sforzo focalizzato per capire il processo e **massimizzare il suo effetto**.

Come abbiamo visto prima l' ipotesi del contatto di Allport (1954) sostiene che per ridurre la tensione intergruppi è necessario che vengano soddisfatte le seguenti condizioni:

- **eguale status fra i due gruppi in contatto**

- **cooperazione/esperienza di successo**

- **rapporti personali e approfonditi**

- **sostegno istituzionale e sociale**

L' esame meta-analitico indica, tuttavia, che queste condizioni offrono un pacchetto che facilita l' effetto, ma non è essenziale per ridurre il pregiudizio (Pettigrew & Tropp, 2006). L' amicizia nel cross-group è probabile che abbracci molte delle condizioni di Allport. Tali amicizie possono provvedere a un contatto estensivo in contesti sociali multipli con accesso ai networks d' amicizia dei cross-group e opportunità per la *self-disclosure*. Infatti, la ricerca ha confermato più volte che l' amicizia è sostanzialmente negativamente connessa al pregiudizio. Infatti **la riduzione del pregiudizio connessa all' amicizia** (nell' intergruppo) si applicherà persino agli altri outgroup non coinvolti nella situazione di contatto. Le persone prevenute evitano il contatto con gli oggetti del loro pregiudizio e le non prevenute cercheranno tale contatto. Studi longitudinali degli effetti del contatto sono rari. Ma i pochi che esistono rivelano che **il contatto ottimale riduce i pregiudizi** nel tempo, anche quando i ricercatori hanno eliminato la possibilità di *participant selection*. Quindi, diversi metodi convergono a suggerire che mentre entrambe le sequenze operano, l' effetto più importante è la riduzione del pregiudizio nel contatto intergruppo.

Con tutta l' attenzione ora dedicata all' argomento, la teoria del contatto sta avanzando rapidamente in molte nuove direzioni. Pettigrew & Tropp (2006) hanno trovato nella loro meta-analisi degli effetti di contatto che la teoria vale altrettanto bene per i gruppi, etnie diverse, razze e gruppi culturali per i quali la teoria era stata originariamente destinata. Questi altri tipi sono spesso outgroup stigmatizzati come gli omosessuali, (Herek & Capitanio, 1996), i senzatetto (Lee, Farrel, e Link, 2004) e dei disabili fisici e mentali (Pettigrew & Tropp, 2006). Migliorare **gli atteggiamenti dell' intergruppo nel contatto**, allora, è un fenomeno generale. La sua applicabilità suggerisce che potrebbe essere collegato a tali processi basilari, come l' **effetto della semplice esposizione** di Zajonc (1968). I ricercatori hanno ripetutamente dimostrato che una maggiore esposizione ai target può aumentare significativamente il piacere per quel target. I lavori sulla relazione tra esposizione e simpatia indica che la riduzione dell' incertezza è un meccanismo importante alla base di questi rapporti (Lee, 2001). Stephan, Stephan e Gudykunst (1999) hanno iniziato il compito di combinare la riduzione dell' incertezza e le teorie di riduzione della minaccia.

A completamento di questa visione, la considerevole recente ricerca punta all' importanza di questa riduzione della minaccia nell' intergruppo e ridurre l' ansia per conseguire **riduzioni nel pregiudizio**. Impressionanti sono le ricerche psicologiche di Blascovich, Mendes, Hunter e Lickel (2000) e Mendes, Blascovich, Lickel e Hunter (2002). Questi ricercatori prendono atto che gli studenti dei college americani che hanno avuto vasta esperienza con Afroamericani mostrano significamente meno ansia riguardante l' interazione tra gruppi, rispetto a studenti senza tale esperienza. Gli studi hanno anche impiegato una vasta gamma di variabili dipendenti, oltre che la riduzione del solo pregiudizio, anche se alcuni critici della teoria di contatto sembrano ignorare questo sviluppo (Dixon, Durcheim e Tredoux, 2005). Questo lavoro rivela che l' aver amici nell' outgroup può portare a **effetti positivi** al di là della semplice diminuzione del pregiudizio. Quindi, i partecipanti alle amicizie nei cross-group in genere percepiscono una più grande variabilità nell' outgroup rispetto ad altri. Il contatto può anche indurre a una maggiore **empatia** con l' outgroup, oltre che **ridurre l' ansia interazionale**.

Infatti, come scritto sotto, le riduzioni dell' ansia e gli aumenti dell' empatia potrebbero essere (saranno) essenziali mediatori per altri effetti positivi del contatto. Recenti ricerche in Irlanda del nord scoprono che l' amicizia nell' intergruppo può anche generare **perdono e fiducia** anche tra cattolici e protestanti che hanno sofferto personalmente della violenza settaria della provincia (Hewstone, Cairns, Voci, Hamberger e Niens, 2006). Wright, Aron, McLaughlin-Volpe e Roppe (1997) introdussero un' altra importante espansione. Questi ricercatori hanno proposto un processo di ampio contatto indiretto. Con gli studenti dei college americani, hanno presentato prove sia correlazionali che sperimentali per dimostrare che il fatto di avere semplicemente **amici nell' ingroup che hanno amici nell' outgroup** contribuisce a diminuire il pregiudizio. Questo è stato replicato in Europa. In due campioni dell' Irlanda del Nord. Paolini, Hewstone, Cairns e Voci (2004) hanno dimostrato che **il contatto indiretto ha il potere di ridurre il pregiudizio**. E le analisi dei dati di una perizia tedesca ha anche scoperto effetti indiretti di contatto. Ma gli atteggiamenti cambiati prodotti dal contatto indiretto non sono così forti come da "diretto". Per es., possono cambiare facilmente e ritornare allo stadio iniziale.

Tuttavia gli effetti del contatto indiretto sono particolarmente importanti per quelli che vivono in aree segregate e non hanno amici nell' outgroup. La grande maggioranza degli studi sul contatto tra gruppi si sono focalizzati sugli effetti della maggioranza o un gruppo più potente e non-stigmatizzato nell' interazione. Ma di recente una serie di studi di Richeson e Shelton (2007) si sono concentrati sulla minoranza. Essi mostrano che gli studenti Afroamericani che si aspettano bianchi influenzati dal pregiudizio, e quelli che tenevano a priori atteggiamenti negativi sui bianchi, riportano molte esperienze negative nel **contatto interrazziale** (Shelton & Richeson, 2006). Almeno negli incontri, ai partecipanti neri piacevano i bianchi che ce la mettevano tutta per essere meno prevenuti anche se probabilmente lo erano di più (Shelton, Richeson e Salvatore, 2005; Shelton, Richeson, Salvatore e Trawalter, 2005). Questa ricerca, combinata con altri lavori (ad esempio, Chavous, 2005; Richeson & Shelton 2007; Tropp, 2003) sottolinea il punto importante che *la teoria del contatto deve tener conto dei fattori soggettivi sia dei membri della maggioranza sia della minoranza*.

Questi recenti progressi pongono nuovi interrogativi e aumentano la prospettiva di futuri sviluppi. Tra le molte possibilità quattro direzioni interconnesse sembrano attuali e probabili:

- *Specificare i processi del contatto*

- *Una maggiore attenzione verso il contatto che conduce a effetti negativi: aumento di pregiudizio, sfiducia e conflitto*

- *Posizionare il contatto nel suo contesto sociale, longitudinale e a multi-livello*

- *Applicare il contatto alla politica sociale multi-livello*

9.1

SPECIFICARE I PROCESSI DEL CONTATTO

Oggi sappiamo molto su come le maggioranze e le minoranze vedono e reagiscono al contatto intergruppo. Ora queste prospettive rivali devono essere combinate in un unico dinamico modello multilivello. Un inizio verso questo ambizioso obiettivo è una più chiara e dettagliata descrizione degli effetti dei mediatori di contatto. Con 63 studi e 81 campioni indipendenti che hanno studiato questi effetti sul pregiudizio, Pettigrow & Tropp (in press.) hanno condotto una serie di meta-analisi per verificare l' importanza dei tre più diffusi mediatori studiati: *nuova conoscenza dell' outgroup, riduzione dell' ansia* e *l' empatia con l' outgroup*.

I primi teorici del contatto pensavano che la conoscenza nel contatto riduceva il pregiudizio. Lavori recenti, tuttavia, rivelano che la mediazione della conoscenza esiste, ma è di minore importanza.

L' empatia e la presa di prospettiva (*prespective taking*) sono molto più importanti. I contatti nel Cross-group e soprattutto l' amicizia consentono di **entrare in sintonia** e **capire il punto di vista dell' outgroup**. Questa ricerca si basa sul lavoro di Batson, Lishner, Cook e Sawyer (2005). Questo è rilevante anche negli studi di McFarland(1999), con campioni di studenti e adulti; l' empatia è un mediatore importante correlato al pregiudizio insieme all' autoritarismo e l'orientamento della dominanza sociale.

Similmente Vescio, Sechrist e Paolucci (2003) hanno rilevato che **la presa di prospettiva**, in un ambiente sperimentale, ha portato a una visione razziale più favorevole. Anche critica è la riduzione della minaccia intergruppi e l' ansia (Blascovich, Mendes, Hunter, Lickel, & Kowai-Bell, 2001; Islam & Hewstone, 1993; Paolini et al., 2004; Pettigrew, 1998; Stephan et al., 2002; Voci & Hewstone, 2003). L' ansia è scaturita dai sentimenti di minaccia e incertezza che le persone fanno esperienza nei contesti dell' intergruppo. Questi sentimenti nascono da preoccupazioni sul come dobbiamo agire, su come siamo percepiti e su come e se siamo accettati (Richeson & Shelton, 2007). Si noti che i mediatori affettivi (empatia e riduzione dell'ansia) sono più importanti di quelli cognitivi (conoscenza), sebbene entrambi giocano un ruolo importante. Ricordiamo che Tropp e Pettigrew (2005a) hanno trovato che il pregiudizio viene ridotto di più da **componenti affettive** rispetto che quelle cognitive. La ricerca necessita di sviluppare ulteriormente questo settore.

9.2

UNA MAGGIORE ATTENZIONE VERSO IL CONTATTO CHE CONDUCE A EFFETTI NEGATIVI: AUMENTO DI PREGIUDIZIO, SFIDUCIA E CONFLITTO

Nel loro studio di 713 campioni indipendenti condotti sul contatto durante il XX sec., Pettigrew e Tropp rilevarono solo un 34%(< 5%) dove le relazioni positive tra i gruppi di contatto miglioravano il pregiudizio. Si verificano ancora risultati negativi in situazioni di pericolo e la ricerca su questo deve avere una maggiore attenzione. Quando Williams (1947) e Allport (1954) stavano formando la teoria del contatto, supposero che **il troppo contatto non riduceva il pregiudizio.** Quindi cercarono di specificare i tratti positivi in quelle situazioni che potevano massimizzare il potenziale per il contatto per promuovere una positiva relazione intergruppi. Ma i risultati meta-analitici rivelano che la nostra comprensione del contatto è limitata da questa enfasi sul contatto positivo.

Ci sono fattori negativi come l' ansia, l' autoritarismo e le restrizioni normative che meritano una maggiore attenzione perché possono diventare dei punti chiave per la ricerca futura del contatto intergruppi. Una tale enfasi consentirebbe una più completa comprensione delle condizioni che aumentano e inibiscono i potenziali effetti positivi del contatto. Ecco i primi risultati delle analisi condotte utilizzando due misure di contatto positivo e negativo con stranieri che risiedono in Germania. Si confrontano i due tipi di contatto con i dati di una ricerca telefonica del 2004, fatta su un campione di 1383 cittadini tedeschi dai 16 anni in su che non hanno un background d'immigrazione.

Questa indagine, che fa parte di un grande progetto di 10 anni sul pregiudizio, condotta da Heitmeyer (2004) dell' Università di Bielefeld, offre una vasta gamma di indicatori di grande rilevanza sia per il contatto tra gruppi che per il pregiudizio. Questi stranieri residenti cominciarono ad arrivare in Germania dagli anni '50; molti sono di seconda e terza generazione, ma pochissimi sono stati capaci di diventare cittadini tedeschi.

Anche se vengono da molti paesi, il prototipo consiste in immigrati turco-musulmani. Infatti *la misura anti-musulmana si correla altamente a una misura di pregiudizio anti-straniero* (r= +0.65). Ovviamente ci sono enormi differenze tra le due culture.

Questi gli items usati per le varie misure analizzate (Sidanius & Pratto, 1999) e (Altemeyer, 1996):

Contatto positivo dell' intergruppo (alpha= 0.78)

1. Quanto spesso uno straniero ti ha aiutato? Spesso, qualche volta, raramente o mai?

2. Quanto spesso hai una conversazione interessante con uno straniero? Spesso, qualche volta, raramente o mai?

3. e **4.** Ora pensa agli incontri con stranieri in Germania . Quanto spesso hai fatto esperienza con i seguenti sentimenti *(3)* soddisfatto e *(4)* allegro? - mai, qualche volta, spesso o molto spesso?

Contatto negativo dell' intergruppo (alpha= 0.78)

1. Quanto spesso uno straniero ti ha importunato? Mai, qualche volta, spesso o molto spesso?

2-4. Pensa ora agli incontri con stranieri in Germania. Quanto spesso hai fatto esperienza dei seguenti sentimenti *(2)* rabbia *(3)*, irritato e *(4)* spaventato - mai, qualche volta, spesso o molto spesso?

Tre condizioni di contatto:

1. Come giudicherebbe i contatti che ha con stranieri viventi qui in Germania - superficiali, in condizioni di parità e volontari? Non si applica per nulla, tende ad non applicarsi, tende ad applicarsi, si applica pienamente.

Minaccia individuale (r= 0.68):

1. Gli stranieri viventi qui pongono una minaccia alla mia personale libertà e ai miei diritti. - Non si applica per nulla, tende a non applicarsi, tende ad applicarsi, si applica pienamente.

2. Gli stranieri viventi qui pongono una minaccia alla mia situazione economica personale. - Non si applica per nulla, tende a non applicarsi, tende ad applicarsi, si applica pienamente.

Minaccia di gruppo (r= 0.67):

1. Stranieri che vivono qui pongono una minaccia alla nostra personale libertà e diritti. - Non si applica per nulla, tende a non applicarsi, tende ad applicarsi, si applica pienamente.

2. Stranieri che vivono qui pongono una minaccia al nostro benessere economico. - Non si applica per nulla, tende a non applicarsi, tende ad applicarsi, si applica pienamente.

Conservatorismo politico:

1. Pensando alla tua visione politica, ti classificheresti di sinistra, piuttosto di sinistra, nel centro, piuttosto di destra, di destra?

Scala di dominio sociale (alpha= 0.61):

1. Gruppi sul fondo della nostra società dovrebbero rimanere lì - Completamente in disaccordo, tendo al disaccordo, tendo ad essere d' accordo, completamente d' accordo.

2. Alcuni gruppi di popolazioni sono più utili di altri - Completamente in disaccordo, tendo al disaccordo, tendo ad essere d' accordo, completamente d' accordo.

3. Alcuni gruppi valgono meno di altri - Completamente in disaccordo, tendo al disaccordo, tendo ad essere d' accordo, completamente d' accordo.

Scala d' autoritarismo (alpha= 0.75):

1. Il crimine dovrebbe essere punito molto duramente - Completamente in disaccordo, tendo al disaccordo, tendo ad essere d' accordo, completamente d' accordo.

2. Assicurare la legge e l' ordine, uno dovrebbe agire più pesantemente contro gli outsiders e chi crea problemi - Completamente in disaccordo, tendo al disaccordo, tendo ad essere d' accordo, completamente d' accordo.

3. Due delle più importanti caratteristiche dovrebbero essere obbedienza e rispetto verso i superiori - Completamente in disaccordo, tendo al disaccordo, tendo ad essere d' accordo, completamente d' accordo.

Pregiudizio anti-musulmano (alpha= 0.75):

1. La cultura musulmana si adatta bene nel nostro mondo occidentale - Completamente d' accordo, tendo ad essere d' accordo, tendo al disaccordo, completamente in disaccordo.

2. Con molto musulmani viventi in Germania, io mi sento qualche volta straniero nel mio paese -

Completamente in disaccordo, tendo al disaccordo, tendo ad essere d' accordo, completamente d' accordo.

3. La migrazione musulmana dovrebbe essere proibita - Completamente in disaccordo, tendo al disaccordo, tendo ad essere d' accordo, completamente d' accordo.

4. Sono più diffidente dei musulmani - Completamente in disaccordo, tendo al disaccordo, tendo ad essere d' accordo, completamente d' accordo.

5. Le molte moschee presenti in Germania provano che l' Islam vuole allargare il suo potere - Completamente in disaccordo, tendo al disaccordo, tendo ad essere d' accordo, completamente d' accordo.

Come indicato da questi items, abbiamo quattro domande che sfruttavano il contatto positivo (alpha= 0.78). Altre quattro domande sfruttavano quello negativo (alpha= 0.78). Inoltre il sondaggio chiedeva agli intervistati di valutare tre condizioni del loro contatto: se è stato superficiale, in condizioni di parità, o volontario.

L' indagine ha valutato anche la probabilità se gli intervistati si sentivano minacciati dai residenti stranieri sia sul piano personale che di gruppo. Abbiamo visto i due items usati per calcolare la minaccia personale (r= 0.68), e i due items paralleli usati per calcolare la minaccia di gruppo (r= 0.67). E' stato mostrato anche il singolo item sul conservatorismo politico. I tre items sfruttavano l' orientamento di dominanza sociale (alpha= 0.61) e l' autoritarismo (alpha= 0.75). Infine gli ultimi cinque items calcolavano il pregiudizio degli intervistati (alpha= 0.78).

I risultati con le due misure di contatto suggeriscono che **il contatto positivo e negativo hanno differenti dinamiche**. Ma essi chiaramente non sono fenomeni polare-opposti (*polar-opposite*). Innanzitutto, le misure di contatto positivo e negativo erano correlate solo dell' - 0.18 (p<0.01). Il rapporto è trattenuto dagli intervistati che hanno avuto un considerevole contatto intergruppo molto positivo e un po' negativo.

Predictors of positive and negative contact

Predictor variables	Positive contact			Negative Contact		
	St. Beta	t	p	St. Beta	t	p
Authoritarianism	−0.068	**−2.19**	**0.03**	−0.034	−1.14	0.25
Social dominance	−0.012	−0.42	0.68	0.027	0.92	0.36
Political conservatism	−0.054	**−1.94**	**0.052**	0.044	1.63	0.10
Age	−0.029	−1.09	0.28	−0.221	**−8.41**	**0.001**
Individual threat	−0.151	**−4.65**	**0.001**	0.312	**9.84**	**0.001**
Collective threat	−0.119	**−3.41**	**0.001**	0.181	**5.35**	**0.001**
Non-superficial contact	0.194	**7.07**	**0.001**	0.012	0.46	0.64
Equal Status contact	0.207	**7.60**	**0.001**	−0.012	−0.46	0.65
Voluntary contact	0.085	**2.97**	**0.003**	−0.138	**−4.99**	**0.001**
R^2		0.52			0.56	
N		1085			1093	

Bold indicates statistically significant results that are described in text.

Tabella 1 Prediction of positive and negative contact (Pettigrow, 2008)

In secondo luogo, come misurato dalle scale il contatto positivo (r= -0.41) è più predittivo del pregiudizio anti-musulmano che il negativo (r= +0.30). Usando la formula di Blalock (1972) per il confronto delle correlazioni all' interno dello stesso campione, tale differenza è altamente significativa (t= 22.2, p<0.001).

In terzo luogo, i diversi tipi di persone tendono a essere coinvolti nei due tipi di contatto. Gli intervistati poco autoritari, che non sono né minacciati da immigrati, né politicamente conservatori, sono più propensi a denunciare un contatto positivo. Contrariamente, quelli che denunciano un contatto negativo sono più giovani e minacciati da immigrati, sia individualmente che collettivamente. E' interessante notare che la posizione di dominanza sociale non contribuisce alla predizione né di genere o istruzione.

In quarto luogo, i contesti sociali dei due fenomeni differiscono in maniera importante. Il contatto positivo capita al lavoro (r= +0.28, p<0.001) e specialmente nei vicinati (r= +0.36, p<0.001). Il negativo è senza legame al contatto del vicinato (r=-0.02, n.s.) e solo leggermente al contatto sul lavoro (r= +0.13, p<0.01) dove la competizione dell' occupazione potrebbe esistere. La tabella mostra anche che entrambi i tipi di contatto sono condizionati dai contesti situazionali riportati dagli intervistati, come Allport (1954) teneva nella sua originale ipotesi. Il contatto positivo è significativamente e relativamente collegato a tutte e tre le condizioni - *non superficiale, eguale status, volontario*. Infatti, queste tre condizioni mediano in maniera significativa la relazione negativa tra il contatto positivo e l' atteggiamento anti-musulmano. Cioè, ciascuna di queste condizioni aiuta a spiegare il legame del contatto positivo con gli atteggiamenti ridotti anti-musulmani: *non superficiale* (Sobel test= -0.03, p<0.003), *eguale status* (Sobel test= -4.06, p<0.0001) e *contatto volontario* (Sobel test= -4.47, p<0.0001) (la prova di Sobel fornisce il rapporto critico).

Tuttavia, tutte e tre le condizioni mediano anche il legame tra il contatto negativo e l' aumento del pregiudizio: *non-superficiale* (Sobel test=3.10, p<0.002), *eguale status* (Sobel test= 3.83, p<0.0002) e *contatto volontario* (Sobel test= 4.2, p<0.0001). Solo il rapporto dei moderatori scoperti implica l' eguale status.

E' significativa l' associazione tra i moderatori del contatto negativo e pregiudizio (interazione t= 3.68, p<0.001). Così, per le situazioni giudicate dagli intervistati come non di eguale status, la correlazione del contatto negativo con le opinioni anti-musulmane è solo dello +0.13; ma quando le stesse sono giudicate come di eguale status, la correlazione sale a +0.36. Questa interazione coincide con la tabella 1 ed è la dimostrazione dell' **importanza della minaccia** nei collegamenti tra il pregiudizio e il contatto sia positivo sia negativo; un punto sottolineato da Stephan e Stephan (1985). Sia per la minaccia collettiva, sia personale, il contatto positivo è associato a una minaccia ridotta, e il contatto negativo ad una minaccia elevata.

Questi risultati sono coerenti con la nostra precedente discussione sull' importanza dell' **ansia interazionale**. Infine, le distribuzioni delle risposte alle due scale differiscono nettamente. Questo campione probabilistico di intervistati tedeschi riporta una relazione molto più positiva che negativa (t= 36.2, p<0.0001). Così l' 85% del campione ha dichiarato di avere avuto interessanti conversazioni con cittadini stranieri e il 63% ha riferito di essere stato aiutato a volte da stranieri. Il 65% degli intervistati riferisce di non essere mai stato importunato da stranieri. Parte di questa differenza potrebbe essere connessa alla **"desiderabilità sociale"**, ma la coerenza dei risultati con le misure del contatto positivo e negativo suggerisce che questo possibile effetto è raro. Queste forti differenze tra i due gruppi di interazioni sono sia di importanza teorica, sia di importanza politica. Ricorda che queste differenze emergono da un campione probabilistico di popolazione non-immigrante tedesca. Poiché i contatti negativi sono spesso pubblicizzati, mentre i positivi o non sono riconosciuti o non sono di cronaca, questi risultati possono sembrare sorprendenti. Ma la preponderanza del contatto intergruppo positivo aiuta a spiegare perché il contatto che porta a un aumento del pregiudizio è così relativamente raro nella letteratura della ricerca.

9.3

POSIZIONARE IL CONTATTO DELL' INTERGRUPPO IN UN CONTESTO SOCIALE, LONGITUDINALE E A MULTI-LIVELLO

Abbiamo notato che la letteratura di ricerca sul contatto soffre della scarsità di studi sia longitudinali sia che multi-livello. La meta-analisi di Pettigrow e Tropp (2006) dopo aver analizzato i dati delle ricerche del ventesimo secolo scoprirono solo due studi longitudinali e nessuno a multi-livello. Un brillante studio sul campo di Sherif (1966), la caverna di Robbers, ha offerto un primo studio di campo quasi-sperimentale con risultati positivi per la teoria sul contatto. Il punto critico della famosa ricerca di Sherif fu che lui ottenne ripetute misure d' atteggiamento mentre l' esperienze di contatto si sviluppavano tra i suoi due gruppi di ragazzi giovani (Pettigrew 1991). Più di recente, diversi studi longitudinali sono stati pubblicati che supportano la teoria (Eller & Abrams 2003/2004).

Particolarmente impressionante è la ricerca eseguita con cinque punti di raccolta dati su un periodo di 4 anni con più di 2000 studenti universitari presso l' Università della California a Los Angeles (Levin et al., 2003). Lo studio ha anche vantato un disegno quasi-sperimentale assegnando casualmente compagni di stanza di diverse etnie. Questo ampio lavoro fornisce un modello per la ricerca futura che esamina gli effetti cumulativi con dati straordinari entro una particolare collocazione istituzionale.

Questi ricercatori hanno trovato attraverso gli anni effetti reciproci significativi: **amicizie interetniche** riducevano il pregiudizio, mentre l' ingroup-bias iniziale e l' ansia dell' intergruppo conduceva ad un più basso livello di amici nell' intergruppo. Questi sono gli effetti non ricorrenti tra il contatto dell' intergruppo e il pregiudizio che sono stati uniformemente trovati ovunque nella letteratura della ricerca del contatto. Ma i ricercatori dell' U.C.L.A. hanno trovato che il percorso dal pregiudizio al contatto ridotto e l' amicizia, poteva essere più forte che nella ricerca precedente. Due sets dei risultati U.C.L.A. sono particolarmente importanti. In primo luogo, compagni di stanza casualmente assegnati di differenti etnie diminuivano i loro pregiudizi sull' outgroup anche per gli outgroups non coinvolti nelle relazioni di camerata. Questo ampio **effetto di generalizzazione** è stato scoperto precedentemente solo in dati di ricerca non controllati (Pettigrew, 1997). In secondo luogo, da una prospettiva multilivello, l' organizzazioni ingroup sul campus U.C.L.A. di solito avevano effetti individuali negativi. L' appartenenza a gruppi come **le fraternità**, rafforzava il contatto con l' ingroup e un senso di vittimizzazione etnica mentre diminuiva il contatto con l' outgroup. Dopo aver controllato gli atteggiamenti degli studenti che avevano prima dell' università, i ricercatori dell' U.C.L.A. scoprirono che la fraternità e la partecipazione alle associazioni femminili aumentavano significativamente l' opposizione a una più grande diversità nel campus e a appuntamenti e matrimoni interetnici. Tale appartenenza organizzata era anche associata con più alti punti su una simbolica misura del razzismo.

Un' altra maniera di guardare allo sviluppo in evoluzione del contatto intergruppi nel suo contesto sociale è quello di pensare in termini di un insieme di **processi stocastici cumulativi** includendo una serie di fasi di selezione. Sebbene sia meglio studiato con dati longitudinali, il punto può essere illustrato con i dati del sondaggio di ricerca usato in precedenza (Heitmeyer, 2004).

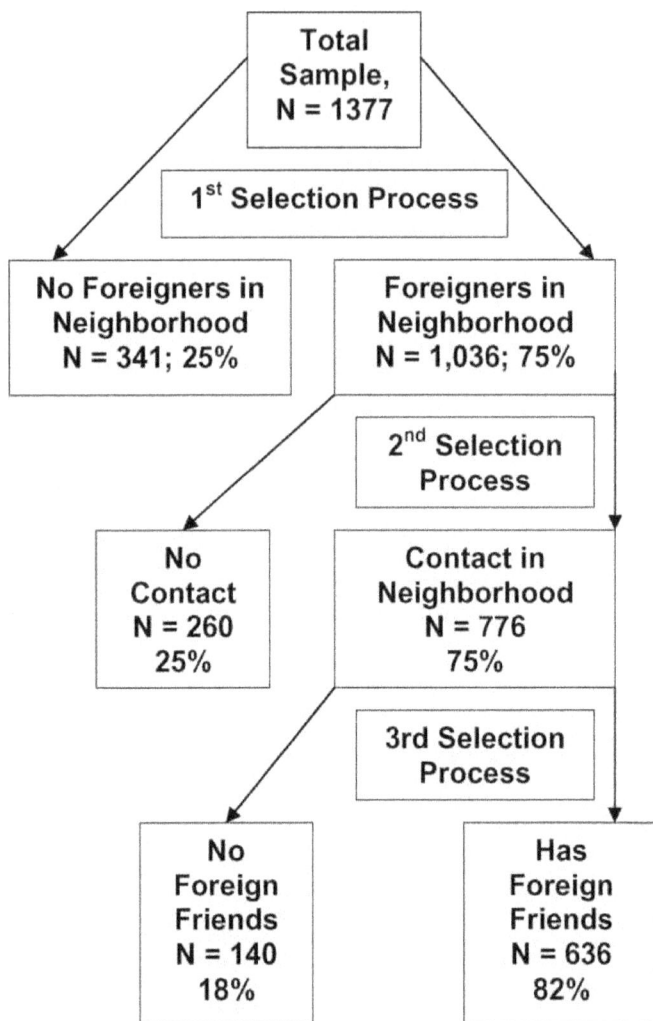

Fig. 3 I tre processi di selezione (Pettirgew, 2008

La figura 3 illustra un tale modello che impiega **3 processi separati connessi al contatto di vicinato**. Il primo processo di selezione include quei tedeschi che vivono nei vicinati con residenti stranieri, ovviamente un requisito indispensabile per il contatto. La figura 3 mostra che la sua selezione rimuove il 25% del campione totale. Ma la semplice presenza degli stranieri non garantisce il contatto dell' intergruppo; il secondo processo di selezione. E, infatti, il 25% dei tedeschi intervistati che vivono in aree miste dichiarano di non avere nessun contatto con stranieri. Infine, il semplice contatto non assicura che l' amicizia dell' intergruppo si svilupperà. Interessante, quest' ultimo processo di selezione rimuove solo il 18% degli intervistati che hanno contatti di vicinato.

La tabella 2 testa i predittori di questi tre processi di selezione. **L' istruzione**, sorprendentemente non emerge come una correlazione significativa in nessuna delle tre selezioni, ma due variabili sociali sono importanti. **L' età** dimostra di essere significativa su due punti; gli intervistati più giovani sono più probabili vivere in un quartiere misto e fare amicizia dopo il contatto con gli stranieri del quartiere.

Il genere diventa più importante nelle ultime due fasi della selezione; i maschi hanno più contatto con i vicini stranieri e hanno più amici. Questo risultato riflette il fatto che gli uomini stranieri sono più propensi a imparare la lingua e la cultura tedesca rispetto alle donne; questo perché è più probabile che stiano nel mondo del lavoro.

Due variabili psicologiche sono anche implicate in questi processi. **L' autoritarismo** è altamente correlato negativamente a tutti e tre i processi.

Gli autoritari sono meno propensi a vivere in un' area con stranieri e sono meno propensi di avere un contatto con loro anche quando vivono in tali aree ed è meno probabile che faccino amicizie anche con quelli che sono amici di stranieri. In altre analisi, è stato dimostrato che l' autoritarismo positivo, è un forte mediatore negativo del contatto intergruppi. I dati a disposizione indicano che questa mediazione è costituita da autoritari che generalmente fanno attenzione ad evitare residenti stranieri a più livelli.

Predictors of the three selection processes

Predictor variables	Are there foreign neighbors? 1st selection process			Contact with foreign neighbors? 2nd selection process			Any foreign friends? 3rd selection process		
	St. Beta	t	p	St. Beta	t	p	St. Beta	t	p
Respondent's age	−0.111	−4.10	0.001	0.026	0.83	0.406	−0.111	−3.22	0.001
Respondent's gender	0.007	0.27	0.784	−0.087	−2.81	0.005	−0.072	−2.08	0.038
Authoritarianism	−0.111	−3.63	0.001	−0.088	−2.49	0.013	−0.096	−2.46	0.014
Anti-Muslim prejudice	−0.038	−1.24	0.214	−0.084	−2.39	0.017	−0.208	−5.26	0.001
N	1377			1036			636		

Tabella 2 I predittori dei tre processi di selezione (Pettigrew, 2008)

La tabella 2 mostra anche la sequenza inversa nel collegamento causale **contatto-pregiudizio** che è stato così spesso trovato nelle ricerche precedenti. Gli intervistati che sono altamente prevenuti contro i musulmani (gli items precedenti di Sidanius & Pratto e Altemeyer) sono meno propensi ad aver un contatto e a fare amicizie con vicini stranieri quando hanno un contatto (seconda e terza fase della selezione). Questi risultati sollevano una ulteriore questione riguardante la generalità degli effetti di riduzione del pregiudizio intergruppi e il contatto positivo.

La tabella 2 mostra che gli anziani, le donne e gli autoritari hanno ridotto il contatto intergruppo e l' amicizia. Ma questi fattori diminuiscono gli effetti del pregiudizio anche quando l'amicizia e altri contatti positivi sono raggiunti? In altre parole, questi fattori di *contact-limiting* agiscono anche come moderatori del rapporto contatto-pregiudizio? Per esempio, gli autoritari che hanno contatti positivi riflettono una minore riduzione di atteggiamenti anti-musulmano?

Le risposte da questi dati è no. Nonostante l'età (interazione t= 0.51, n.s.), sesso (interazione t= 0.39, n.s.) e autoritarismo (interazione t= -1.41, n.s.) tutti limitano il contatto, non influenzano il potere del contatto positivo per ridurre il pregiudizio salvo una volta che lo scopo è raggiunto.

Per esempio, la correlazione tra il contatto positivo e il pregiudizio anti-musulmano è -0.36 tra quelli bassi in autoritarismo e -0.39 tra quelli ad alto contenuto autoritarismo. La stessa mancanza di moderazione dell' età (interazione $t= 0.40$), sesso (interazione $t= 0.27$) e istruzione (interazione $t= 1.69$, $p<0.10$) esiste anche per il contatto negativo. Tale piazzamento del contatto intergruppi nel suo contesto sociale in evoluzione ha implicazioni dirette sulla politica.

La politica sociale può facilitare tale contatto anche per coloro che altrimenti tentano di evitarlo. E i risultati della tabella 2 suggeriscono che tale contatto, sebbene involontario, avrà benefici effetti nell' intergruppo.

9.4

APPLICARE IL CONTATTO INTERGRUPPO ALLA POLITICA SOCIALE MULTI-LIVELLO

Una finale, sperata direzione per il futuro riguarda la diretta applicazione alla politica sociale di ciò che è stato appreso circa il contatto dell' intergruppo. In Gran Bretagna, Miles Houston ha usato la teoria del contatto in modo efficace per influenzare gli sforzi del governo per **ridurre il conflitto intergruppo** in Irlanda del Nord. Negli Stati Uniti, gli psicologi sociali hanno fatto ampiamente ricorso alla teoria nella testimonianza della corte in tribunale e prima in pubblici interventi riguardanti la disgregazione a scuola e l' *Affirmative action* (Pettigrew, 1967, 1969). Durante queste attività, la teoria del contatto ha portato direttamente a una fondamentale distinzione che è ormai entrata nel discorso pubblico negli USA.

Questa distinzione delinea la semplice disgregazione, proprio la mescolanza fisica di gruppi, dalla vera e propria integrazione-situazioni che approcciano l' incontro delle quattro condizioni chiave di Allport del contatto ottimale. Gurin, Dey, Hurtado e Gurin(2002) e Gurin, Lehman e Lewis(2004) dettero un sostanziale contributo a due casi d' azione di fronte alla Corte Suprema degli Stati Uniti. Questi ricercatori hanno sottolineato gli **effetti benefici del contatto intergruppo** nel settore dell' istruzione sia per la maggioranza e sia la minoranza degli studenti. Il loro lavoro è stato ampiamente diffuso dai mass media e fu citato nelle opinioni della Alta Corte.

Ma tali dirette applicazioni della teoria non sono universalmente accettati nelle scienze sociali. Per esempio, critici della scienza politica, come McGarry e O'Leary (1995), dichiararono che il contatto è più probabile che sia **causa di conflitti** che di riduzione del pregiudizio. Inoltre sostengono che ridurre il pregiudizio non porta necessariamente a cambiamenti nel livello strutturale.

Questi critici sembrano ignorare le effettive affermazioni della teoria e la massiccia letteratura scientifica che supporta la ricerca. "A volte", scrivono McGarry e O'Leary (1995), "buoni recinti fanno buoni vicini". Consideriamo i ripetuti fallimenti dei "buoni recinti", dalla Grande

Muraglia cinese al Vallo di Adriano sul confine scozzese, o i moderni esempi del Muro di Berlino e il Muro del West Bank in Israele. Da questi esperimenti importanti raramente è risultato di avere "buoni vicini" con "buoni recinti". Ma dobbiamo scavare più in profondità per capire lo scetticismo di questi due scienziati. McGarry e O'Leary si focalizzano sui tragici eventi tra Cattolici e Protestanti nella loro nativa Irlanda del Nord. Essi sottolineano che il contatto può, sotto le ostili condizioni normative che hanno a lungo caratterizzato l' Ulster, attualmente confermare e aumentare il pregiudizio piuttosto che calmare quest' ultimo. Naturalmente, la teoria di contatto permette ampiamente tali effetti negativi.

Più fondamentalmente, McGarry e O'Leary avanzano due maggiori critiche: la prima che il contatto non tipicamente riduce il pregiudizio, almeno non in Irlanda del Nord; la seconda anche se lo facesse, **la riduzione è irrilevante** a una più larga politica strutturale e la riduzione di guerre e conflitti.

La prima affermazione è facilmente confutata dalla meta-analisi descritta prima che includevano studi dall' Irlanda del Nord. Abbiamo notato anche che il contatto negativo può aumentare il pregiudizio. Ma questi casi sono molto meno comuni rispetto a quelli che coinvolgono **il contatto positivo e l' amicizia**. Inoltre, recenti studi di psicologi sociali irlandesi, trovano che il contatto Cattolici - Protestanti tipicamente diminuisce il pregiudizio allo stesso livello del contatto nelle altri parti del mondo. Andando avanti, abbiamo notato prima che anche gli intervistati nord-irlandesi che avevano amici della medesima religione, avendo amici dell' altra, rivelavano meno bigotteria (Paolini, 2004). L' amicizia creava fiducia e il perdono anche tra i Cattolici e i Protestanti che avevano sofferto direttamente della violenza.

Più importante è la seconda affermazione di McGarry e O'Leary che sostiene che **il contatto è irrilevante per la politica**. Nota che questa dichiarazione è un' asserzione che il micro-fenomeno (per esempio, il pregiudizio dell' intergruppo) ha poco a che fare con il macro-fenomeno (violenza e conflitto). Questo è un ricorrente dibattito entro la sociologia, oltre che, per le discipline di micro-level a (livello micro) e meso-level come la psicologia sociale e per lo più discipline di macro-level (a livello macro) come le scienze politiche. Tali affermazioni sono discutibili davanti ai vari livelli di analisi.

E' compito della scienza sociale mettere i livelli insieme a un più vasto e più utile modello multi-livello. Alcuni scienziati sociali hanno realizzato questa impresa e mostrato che non solo è possibile ma assolutamente necessario, che i risultati delle scienze sociali siano applicati con successo agli attuali problemi della società. Per esempio, Kelman (in press) ha mostrato come l'uso dei workshop di problem-solving con partecipanti al gruppo multiplo possano influenzare le politiche nazionali e le politiche culturali anche nei conflitti correnti nel Medio Oriente.

Specialisti del contatto dell' intergruppo non hanno mai sostenuto che il contatto costituiva una panacea per i conflitti a livello macro. Infatti, hanno esplicitamente rifiutato tali dichiarazioni (Hewstone, 2003). Ma discutere che il pregiudizio ha poco o nulla a che fare con il conflitto dell' intergruppo è un' estrema posizione, per non dire altro. Piuttosto, ampi risultati, finora, rivelano che il contatto è una condizione necessaria ma non sufficiente da sola per risolvere il conflitto dell' intergruppo.

Una più valida critica, tuttavia, sarebbe che gli psicologi sociali non hanno ancora posto abbastanza attenzione sul trasformare la teoria del contatto in uno rimedio più facilmente applicabile entro specifiche **collocazioni istituzionali**. In particolare, applicazioni pratiche richiedono un contesto strutturale e a multi-livelli per le politiche del contatto. Come strutturare situazioni ottimali di contatto in concrete collocazioni istituzionali? Tutte e tre delle precedenti discusse direzioni contribuirebbero a risposte a questa critica domanda: specificando i processi del contatto, una più grande attenzione sull' intergruppo che conduce a effetti negativi e porre il contatto nel suo contesto longitudinale, multi-livello e sociale. Chiaramente, resta ancora molto da fare per rendere la teoria di contatto e ricerca più applicabile alla politica sociale.

La esperienza non falla mai;
ma sol fallano i nostri giudizi,
promettendosi di lei cose
che non sono in sua potestà.

Leonardo da Vinci

I giudizi di valore degli uomini
sono guidati esclusivamente
dai loro desideri di felicità,
sono quindi un tentativo di
argomentare le loro illusioni

Sigmund Freud

10

IL CONTATTO E GLI EFFETTI SUL FUNZIONAMENTO COGNITIVO E LE VALUTAZIONI DELL' OUTGROUP

Come abbiamo visto in precedenza secondo l' Ipotesi del Contatto (Allport, 1954), l' incontro tra membri di gruppi diversi, se avviene in condizioni favorevoli, può ridurre il pregiudizio. Negli ultimi 20 anni, alcuni modelli teorici, che traggono la loro origine dalla teoria dell' identità sociale (Tajfel, 1981), si sono proposti di estendere l' ipotesi del contatto in particolare per individuare le condizioni che portano alla **generalizzazione degli effetti positivi** del contatto dai membri dell' outgroup conosciuti (outgroup prossimale) ai membri dell' outgroup non conosciuti (outgroup distale). Secondo la teoria del contatto intergruppi (Brown & Hewstone, 2005), la generalizzazione è possibile se, nel contatto, viene preservata **la salienza delle identità originarie**. Secondo il modello dell' identità dell' ingroup comune

(Gaertner & Dovidio, 2000), la salienza nel contatto di un' identità sovraordinata, che includa sia i membri dell' ingroup sia quelli dell' outgroup, può facilitare la riduzione del pregiudizio.

Il contatto tra membri di gruppi diversi, può anche produrre conseguenze negative, quali ansia e incertezza (Stephan & Stephan, 1985). Richeson e Shelton (2003; vedi anche Richeson Trawalter, & Shelton, 2005) hanno dimostrato che **il contatto intergruppi** può influenzare negativamente le prestazioni cognitive. In una serie di studi, Richeson e collaboratori hanno dimostrato che la prestazione in un compito di tipo cognitivo (Stroop Test) era peggiore per quelli che avevano contatto con un membro dell' outgroup, rispetto a quelli che incontravano un membro dell' ingroup. Inoltre, tale effetto era presente solo nei partecipanti con elevati livelli di pregiudizio esplicito o implicito.

In una ricerca si sono esaminati 60 studenti italiani (12 maschi, 48 femmine) della Facoltà di Psicologia (Università di Padova). L' età media era 23.47 (deviazione standard = 3.00). Il disegno sperimentale era una one-way a tre livelli: due-gruppi, un-gruppo, controllo, con allocazione casuale dei partecipanti alle tre condizioni sperimentali. I partecipanti erano esaminati individualmente in laboratorio. La ricerca era presentata come uno studio sull' influenza di un compito cognitivo su un secondo compito cognitivo, distanziati da un breve intervallo di tempo. L' esperimento era diviso in tre parti.

Nella prima, i partecipanti completavano l' *Implicit Association Test* (IAT; Greenwald, McGhee, & Schwartz, 1998), e *la scala di pregiudizio affettivo* (Pettigrew & Meertens, 1995), per determinare, rispettivamente, l' atteggiamento implicito e esplicito nei confronti degli Albanesi.

Nella seconda parte, i partecipanti erano condotti in un secondo laboratorio, in cui dovevano aiutare un secondo sperimentatore nella creazione di stimoli sperimentali per uno studio fittizio. Il compito consisteva nel fare una breve presentazione di se stessi (un minuto) e nel fornire la propria opinione rispetto a due argomenti (l' ordine di presentazione era controbilanciato): (a) la riforma del sistema universitario italiano; (b) l' arrivo di immigrati clandestini sulle coste italiane (due minuti per ciascun argomento). Nelle due condizioni di contatto (due-gruppi, un-gruppo), il secondo sperimentatore era albanese; nella condizione di controllo, il secondo sperimentatore era italiano. Le interazioni erano videoregistrate. Nella condizione due-gruppi, lo sperimentatore si scusava per i propri errori grammaticali, dovuti alla sua origine albanese. Durante l' interazione, inoltre, enfatizzava l' accento straniero e commetteva molti errori grammaticali. Nella condizione un-gruppo, analogamente alla condizione due-gruppi, lo sperimentatore albanese si scusava per i propri errori grammaticali, dovuti alla sua provenienza. Tuttavia, commetteva pochi errori. Inoltre, prima di introdurre il compito al partecipante, diceva che anche lui era uno studente e che lo studio riguardava la sua tesi di laurea, rendendo così saliente l' identità comune degli studenti di psicologia. Nella condizione di controllo, infine, lo sperimentatore era italiano.

Nella terza parte dell' esperimento, il partecipante era condotto nel primo laboratorio dove, in presenza del primo sperimentatore, completava uno Stroop Test e un questionario con le misure esplicite.

Gli strumenti usati sono i seguenti:

- IAT

Lo IAT (Greenwald et al., 1998) misura gli atteggiamenti impliciti nei confronti di gruppi sociali, stabilendo la forza dell' associazione tra concetti target (ad es., Italiani vs. Albanesi) e attributi valutativi (ad es., parole positive vs. parole negative). Nel nostro studio, lo IAT è stato applicato usando il software *Inquisit* (versione 1.33; Draine, 2003). Si sono usate quattro categorie di stimoli, ognuna costituita da 10 item: nomi italiani, nomi albanesi, parole positive, parole negative. Le parole positive e negative sono state adattate da Greenwald et al. (1998). I nomi italiani sono stati presi da studi precedenti che ne hanno indicato la tipicità per il gruppo italiano (e.g., Capozza, Andrighetto, & Falvo, 2007); i nomi albanesi sono stati selezionati da un giudice italiano e da uno albanese sulla base della loro tipicità percepita. Il compito dei partecipanti era di categorizzare gli item appartenenti alle quattro categorie di stimoli, che comparivano uno alla volta al centro dello schermo, il più velocemente possibile, utilizzando due chiavi di risposta.

Vi erano due blocchi sperimentali. Nel primo, i nomi italiani e le parole positive condividevano una chiave di risposta, mentre i nomi albanesi e le parole negative condividevano un' altra chiave di risposta. Nel secondo, le associazioni erano invertite: i nomi italiani e le parole negative condividevano una chiave di risposta, mentre l' altra chiave di risposta era associata ai nomi albanesi e alle parole positive. L' ordine di presentazione dei blocchi di risposta era controbilanciato tra i partecipanti.

- Stroop Test

Le parole "rosso", "giallo", "blu", "verde", oppure una stringa di "X" erano presentate singolarmente al centro dello schermo in uno di quattro colori: rosso, giallo, verde, blu. Nelle prove compatibili, ogni parola appariva nel suo colore rispettivo (ad es., "verde" scritto in verde), oppure la stringa di "X" era presentata in uno dei quattro colori. Nelle prove incompatibili, ogni parola era scritta con un colore diverso dal suo significato semantico (ad es., "verde" scritto in rosso). Ogni stimolo era presentato per un massimo di 800 ms, preceduto da un punto di fissazione (+). L' *interstimulus interval* era di 1500 ms. Il compito dei partecipanti era quello di indicare il più velocemente possibile il colore in cui uno stimolo era presentato, premendo uno di quattro tasti sulla tastiera del computer. Vi erano sette blocchi sperimentali, ognuno composto da 12 stimoli: quattro incompatibili, otto compatibili.

- Questionario

Controllo della manipolazione sperimentale

I partecipanti esprimevano il proprio grado di

accordo con le seguenti due affermazioni su una scala a sette gradi (per niente d' accordo - d' accordo in grado massimo): "Durante l' interazione con il secondo sperimentatore" "percepivo che appartenevamo a un gruppo comune"; "percepivo l' appartenenza a due gruppi distinti".

Pregiudizio esplicito
(misurato prima della manipolazione)

Si sono usati gli item della scala di pregiudizio affettivo (Pettigrew & Meertens, 1995). I partecipanti esprimevano, su una scala a cinque gradi (per niente-moltissimo), la solidarietà e l' ammirazione provate per gli Italiani (alpha = .62) e per gli Albanesi che vivono in Italia (alpha = .73). L' indice di pregiudizio affettivo è stato calcolato facendo la differenza tra tali indici: alti punteggi esprimono pregiudizio esplicito più elevato verso gli Albanesi.

Stereotipi negativi

I partecipanti indicavano la tipicità percepita, rispetto al gruppo albanese, di tre item che, in un *pretest*, erano risultati tipici degli Albanesi: aggressivi, prepotenti, violenti. La scala era a sette gradi: i punteggi da 1 a 3 indicavano gradi decrescenti di tipicità; 4 indicava che il tratto non era né tipico né atipico degli Albanesi; i punteggi da 5 a 7 indicavano gradi crescenti di tipicità. I tre item sono stati uniti (alpha = .85).

Valore dell' outgroup

I partecipanti valutavano gli Albanesi su cinque scale del differenziale semantico (ad es. spiacevole/piacevole), rappresentative del Fattore di Valutazione. La scala era a sette gradi: 1 indicava il polo negativo, 4 era il punto neutro, 7 indicava il polo positivo. I cinque item sono stati uniti (alpha = .77).

L' obiettivo della presente ricerca era di estendere i risultati ottenuti da Richeson e Shelton (2003), mostrando che alcuni modi di contatto hanno effetti positivi sulle relazioni intergruppi e, allo stesso tempo, limitano gli effetti negativi del contatto sulla prestazione cognitiva. In particolare, si sono confrontati tra loro i modelli del contatto intergruppi (Brown & Hewstone, 2005) e dell' identità dell' ingroup comune (Gaertner & Dovidio, 2000). La relazione intergruppi considerata era quella tra Italiani e Albanesi.

L' ipotesi è che la prestazione cognitiva, per i partecipanti con alti livelli di pregiudizio esplicito e/o implicito, sia peggiore quando sono salienti le rispettive identità, ma non quando è saliente un' identità comune o quando il contatto è con un membro dell' ingroup. Inoltre, si ipotizza che entrambi i modi di contatto (gruppi separati, identità comune) producano effetti positivi sulle valutazioni dell' outgroup; gli effetti di generalizzazione dovrebbero essere più forti per quelli con livelli elevati di pregiudizio iniziale, ma solo quando le appartenenze di gruppo sono salienti.

Conclusioni

Dai risultati di questa ricerca è emerso che l' ipotesi relativa alla prestazione cognitiva (Stroop Test) non è confermata. Tuttavia, vi sono indicazioni che **la prestazione cognitiva** sia inferiore, per quelli con elevati livelli di pregiudizio esplicito e implicito iniziale, nella condizione due-gruppi, rispetto alle altre condizioni sperimentali. Tale risultato non consente tuttavia di affermare che il contatto intergruppi abbia prodotto una **riduzione della capacità** di inibire le risposte inappropriate (Richeson & Shelton, 2003). In questo caso, infatti, avremmo dovuto riscontrare un effetto sull' **interferenza cognitiva**, data dai tempi di risposta, oppure dal numero di risposte corrette agli item incongruenti, e non a quelli congruenti. Come previsto, il contatto intergruppi produce **effetti di generalizzazione**. Sia la percezione di identità comune (Gaertner & Dovidio, 2000) sia la salienza delle rispettive identità (Brown & Hewdtone, 2005), infatti, avevano effetti positivi (stereotipi negativi, valore dell' outgroup). Inoltre, tale effetto era maggiore per quelli con elevati livelli di pregiudizio, che quindi erano quelli che beneficiano maggiormente del contatto. Ciò era vero, tuttavia, solo se le appartenenze di gruppo erano salienti, cioè quando era più evidente il collegamento tra i membri dell' outgroup presenti e quelli non presenti (Rothbart & John, 1985). In conclusione, si conferma che **il contatto ha effetti positivi sulle relazioni intergruppi**. Tuttavia, le persone che beneficiano maggiormente del contatto, cioè quelle con elevati livelli di pregiudizio, quando le appartenenze di gruppo sono salienti, sono anche quelle che tendono ad avere una ridotta prestazione cognitiva conseguente all' incontro con membri di un gruppo diverso dal proprio.

*Il tuo errore è cercare
di rendere universali i tuoi giudizi.*

Carlos Castañeda

*Chi di noi sa quello che deve fare?
E sapendolo, si sarebbe disposti a farlo?*

George Bernard Shaw

11

SUGGERIMENTI PER STRATEGIE DIDATTICHE

- *Insegnare l' attenzione al singolo e il superamento degli stereotipi*

- *Spostare l' attenzione dal gruppo all' individuo*

- *Dai 3 ai 7 anni sono molto etnocentrici:* lavorare sui processi affettivi cercando di superare la dicotomia buono-cattivo e avvicinare i bambini a concezioni e modi di essere diversi da loro

- *Dopo i 7 anni i bambini ridurrebbero i pregiudizi, ma aumentano le influenze sociali:* Lavorare sui processi cognitivi e sullo stile attributivo - portare l' attenzione sulle somiglianze fra gruppi e differenze intragruppo - insegnare che due modi di pensare possono essere diversi ma entrambi validi

- *Apprendimento cooperativo* (Ipotesi del Contatto) - lavorare cooperativamente in piccoli gruppi - tutti i membri contribuiscono egualmente al risultato finale - alto livello interazioni studente-studente - esplicito appoggio dell' insegnante

ATTENZIONE all' *Effetto Alone* e all' *Effetto Pigmalione*. Sono temi scomodi che avevo trattato a fondo nella mia tesi universitaria censurata. Purtroppo, questi due fattori di natura simile, possono compromettere l' affidabilità del giudizio di un docente sul profitto di un allievo.

Effetto Alone

Le valutazioni globali di una persona possono indurre valutazioni alterate degli attributi della persona. L' Effetto Alone viene definito come l' influenza dell' atteggiamento di un individuo verso un' azione sulle credenze circa le conseguenze percepite dell' azione (Bagozzi, 1999). L' Effetto Alone è un termine coniato da Thorndike per designare un atteggiamento psicologico consistente nella tendenza automatica, durante la valutazione di una persona, ad associare ad una qualità positiva ad esempio la bellezza fisica, altri aspetti positivi privi di reali correlazioni con quella qualità, come la simpatia, l' intelligenza, la competenza o l' affidabilità. Lo si può considerare un importante e diffusissimo esempio di bias operato su basi euristiche.

La luce distribuisce intorno una zona di chiarore sfumato, un alone, che illumina di luce impropria tutto ciò che sta intorno. Quando una caratteristica di un individuo è piena di luce ai nostri occhi, per effetto dell' alone di questa luce noi vediamo tutta la sua personalità illuminata. E' necessario che questa caratteristica ci colpisca particolarmente perché solo così noi, abbagliati da tanta luce, non ci accorgiamo che tutto il resto è illuminato da luce impropria.

Il curioso è che questo effetto non si manifesta solo in modo sincronico ma anche in modo diacronico, cioè l' alone non investe solo il resto della personalità, ma si dilata e retrocede verso il passato, verso tutto ciò che il soggetto in questione ha realizzato.

La bellezza fisica, la capacità di rendersi simpatici, di somigliare, di millantare amicizie importanti, di saper coprire gli altri di elogi e finti complimenti, sono solo alcuni dei mezzi che molti professionisti e non della persuasione utilizzano per convincerci a fare cose che altrimenti non avremmo mai fatto. In particolare è impressionante quanto conti l' aspetto fisico di una persona ai fini della sua affermazione umana e professionale. Sembra che si tratti di una risposta automatica e inconscia per cui reagiamo meglio all' approccio di una persona che, per un motivo o per un altro, riteniamo gradevole. L' effetto alone si verifica quando una caratteristica di una persona domina la percezione che gli altri hanno di lei, anche riguardo ad altri aspetti. Risulta evidente quanto possa influenzare, positivamente o negativamente, il giudizio di valutazione distorto formulato da un superiore nei confronti di un dipendente, basato unicamente su una fissazione di un aspetto della personalità di quest' ultimo, che potrebbe oscurare, agli occhi dell' osservatore, tutte le caratteristiche positive dell' individuo osservato.

Siamo stati abituati fin da piccoli che è bene obbedire all' autorità e tutta la società è stata ordinata secondo un principio di gerarchie e di leggi. Su questo principio fa leva l' ipnosi autoritaria, i capi carismatici, i guru che raccontano di detenere poteri straordinari e coloro che sfoggiando titoli altisonanti e in divisa cercano di mettere in soggezione il loro interlocutore. Si spiega perciò perché nella pubblicità del dentifricio c' è un "medico" in divisa che ci prescrive l' acquisto del nuovo dentifricio antiplacca.

Se ogni comportamento ha una componente di contenuto e una di relazione non è neanche necessario che l' autorità sia reale, basta comportarsi e apparire come detentori di un autorità sul prossimo. Alcune ricerche hanno dimostrato una sorta di "Effetto Alone". In un esperimento condotto in una università veniva presentato un visitatore a differenti classi attribuendogli di volta in volta qualifiche diverse. Man mano che saliva i gradini della scala sociale si incrementava anche la statura che gli studenti gli attribuivano (Cialdini, 1995).

Effetto Pigmalione

Uno studio condotto dall' università di Oldenburg, ha stabilito che di fronte a un nome non tradizionale scatta un pregiudizio (Taino, 2009). Un gruppo di ricercatori guidato dalla professoressa Astrid Kaiser ha inviato a duemila insegnanti della Grundschule tedesca (scuola elementare) un questionario anonimo con domande molto dirette circa le reazioni, personali e didattiche, che provocano in loro diversi nomi. Il risultato è uno snobismo imbarazzante. I tradizionali Jakob, Lucas, Simon, Maximilian,

Alexander, Hannah, Sophie, Charlotte, Marie sono collegati dalla grande maggioranza degli interpellati alla figura del bravo studente, disciplinato e impegnato. È come se i Giovanni, gli Andrea, i Luca, le Giulia meritassero un voto buono a scatola chiusa. Nomi meno frequenti, e spesso scelti in omaggio a celebrità internazionali, suscitano invece in più della metà degli insegnanti un immediato giudizio negativo: Kevin pare che per loro sia il peggio, ma anche Angelina, Chantal, Mandy, Maurice, Justin rischiano di essere bocciati prima di cominciare. Il pregiudizio è preoccupante. Ma la ricerca tedesca tocca un punto delicato: dal momento che è più probabile che a dare ai figli nomi ispirati a divi della televisione e del cinema siano le famiglie meno istruite e forse meno abbienti, è chiaro che la discriminazione diventa sociale. Soprattutto, però, l' atteggiamento pregiudizialmente negativo degli insegnanti pesa sul rendimento degli studenti. La professoressa Kaiser sostiene che l' aspettativa sia la madre di tutti i risultati.

E' stato dimostrato che se un allenatore non crede nelle potenzialità di un atleta questo non rende quanto potrebbe, così come a scuola, se gli insegnanti non credono nel potenziale dei loro alunni il rendimento di questi diminuirà. In particolare nella scuola primaria, dove l' incoraggiamento è importante e soprattutto nel caso di studenti provenienti da famiglie di immigrati o molto povere che avrebbero bisogno di fiducia e invece incontrano un pregiudizio e un handicap di partenza. Il rischio che i Kevin e le Angelina si trascinino per sempre qualche ferita provocata dal pregiudizio è insomma alto. Il problema non è solo tedesco. Studi simili negli Stati Uniti hanno dato risultati comparabili. E lo snobismo in fatto di nomi è una realtà in tutte le società a forte immigrazione e molto influenzate dai modelli mediatici: la scuola dovrebbe però non esserne vittima.

Gli psicologi hanno scoperto che la gente viene trattata dagli altri come si aspetta di essere trattata. In altre parole, chi si aspetta di venire imbrogliato viene spesso truffato, chi vive nel timore di essere abbandonato, viene spesso lasciato, chi si aspetta di essere tradito trova partner infedeli. Gli psicologi hanno denominato questa correlazione, effetto "Pigmalione".

L'effetto Pigmalione può manifestarsi nell'ambito scolastico, quello lavorativo, nel rapporto fra capi e dipendenti oppure in quello familiare, nelle relazioni fra genitori e figli e in tutti quei contesti dove si sviluppino rapporti sociali. Quindi le aspettative possono condizionare la qualità delle relazioni interpersonali e il rendimento dei soggetti. Pigmalione, nel mito narrato da Ovidio, era uno scultore, solo, senza compagna, perciò con tanta voglia di amare, e il suo desiderio esplose un giorno quando terminò una statua di donna per la quale aveva lavorato a lungo. Al punto che pregò intensamente Venere di fargli incontrare una ragazza bella come la sua statua. Venere, mossa a compassione, attuò il miracolo, e Pigmalione la sera, tornato a casa, vide la statua animarsi.

In una scuola elementare della California l' equipe guidata dal ricercatore americano Robert Rosenthal ideò un esperimento nell'ambito della psicologia sociale, sottoponendo un gruppo di alunni ad un test di intelligenza (Rosenthal & Jacobson, 1992). Successivamente selezionò, in modo casuale e senza rispettare l' esito e la graduatoria del test, un numero ristretto di bambini e informò gli insegnanti che si trattava di alunni molto intelligenti. Rosenthal, dopo un anno, ripassò nella scuola, e verificò che i suoi selezionati, seppur scelti casualmente, avevano confermato in pieno le sue previsioni migliorando notevolmente il proprio rendimento scolastico fino a divenire i migliori della classe.

Questo effetto, in questo caso benefico, si avverò grazie all' influenza positiva degli insegnanti che riuscirono a stimolare negli alunni segnalati da Rosenthal una viva passione e un forte interesse per gli studi. L' atteggiamento aperto e stimolante delle insegnanti aveva contribuito a sviluppare nei bambini doti e capacità che erano rimaste fino a quel momento in ombra.

Una ricerca successiva condotta su questo effetto Pigmalione a scuola ha dimostrato che esso è dovuto al diverso modo in cui gli insegnanti trattano gli alunni dai quali si aspettano i risultati migliori: hanno nei loro confronti un comportamento più affettuoso, lasciano loro più tempo per rispondere a domande difficili, assegnano loro compiti più impegnativi, notano e rinforzano più spesso le attività intraprese autonomamente da questi ragazzi (Rosenthal, 1994). In definitiva, gli insegnanti creano per questi allievi, in modo consapevole o inconsapevole, un ambiente che favorisce un migliore apprendimento, ovvero un ambiente in cui le loro aspettative riguardo al profitto degli allievi finiscono per diventare profezie che si autoavverano (Cooper & Good, 1983).

Come detto prima, purtroppo l' Effetto Alone e l' Effetto Pigmalione, due fattori di natura simile, possono compromettere l' affidabilità del giudizio di un docente sul profitto di un allievo.

Voglio raccontarvi un aneddoto dei tempi del liceo. Le mie prime due interrogazioni di filosofia non andarono bene, ricordo ancora i voti; entrambe 5+. Lezione dopo lezione rimasi affascinato dalla materia e incominciai a studiare seriamente, era diventata una delle mie materie preferite. Nonostante la mia passione verso la filosofia il mio voto nei 3 anni, non superò mai il 6- tranne nelle ultime due interrogazioni dell' ultimo anno, un 6+ e un 6,5. Ricordo ancora molto bene gli scandali di alcune interrogazioni. Alcune compagne di classe nonostante una preparazione nettamente insufficiente riuscivano ad arrivare tranquillamente al 7, godevano dell' alone delle interrogazioni precedenti. Ritorniamo alla mia ultima interrogazione, il 6,5. Fui interrogato insieme ad una mia compagna che aveva sempre preso tra il 7 e l' 8. Nonostante avessi fatto nettamente meglio, lei prese 7. La cosa "divertente" è che io fui elogiato per i miei progressi nella materia mentre alla mia compagna la professoressa disse che non aveva fatto molto bene come al solito, fu quasi redarguita.

Spesso quando un alunno va male e si giustifica ritenendosi un perseguitato dagli insegnanti, è solo uno studente poco diligente che non accetta le sue responsabilità. A volte però può succedere il contrario: soprattutto nella scuola materna od elementare, le simpatie a priori dei professori contano più dei comportamenti oggettivi del ragazzo nel determinare il voto di condotta. Questo è il messaggio di uno studio della Manchester Metropolitan University, pubblicata e finanziata da "Economic & Social Research Council". I ricercatori britannici hanno lavorato con alcuni studenti di 4-5 anni, facendo particolare attenzione al loro comportamento ed ai criteri di valutazione del corpo docenti.

Si è così scoperto come sono cruciali le prime 4 settimane di scuola: in quel periodo, il professore si formerà un giudizio che difficilmente cambierà, anche di fronte a prove evidenti (MacLure, Jones, Holmes e MacRae, 2008). Inoltre, tale giudizio dogmatico si trasmetterà anche ai suoi colleghi.

Immaginate di lavorare per due datori di lavoro diversi: il datore di lavoro A e B. Il datore di lavoro A ha avuto delle esperienze negative con i suoi precedenti impiegati, di conseguenza, vuole stare attento a non farsi raggirare di nuovo. E' convinto di non potersi aspettare più di tanto, pensa che i giovani siano tutti degli inetti, senza voglia di lavorare. Di fatto non si fida abbastanza di voi per darvi qualche mansione interessante, vi rifila soltanto compiti poco qualificanti. Terrorizzato dal fatto che possiate battere la fiacca in ufficio, vi sorveglia in continuazione, senza darvi il minimo spazio di autonomia personale. In più, non ha stima di voi e non perde occasione per farvelo capire, rimproverandovi per piccolezze.

Dopo qualche mese di questo trattamento, con quale stato d' animo andreste in ufficio al mattino? Probabilmente comincereste a sentirvi demotivati, a perdere qualsiasi interesse verso il vostro lavoro e a comportarvi di conseguenza, trasformandovi in un impiegato pigro e poco brillante. Quindi, nel giro di qualche mese, le fosche previsioni del datore di lavoro A sarebbero confermate. Il datore di lavoro B, è per sua natura un ottimista. Si aspetta molto da voi, ma non vi chiede l' impossibile, sa che farete degli errori, ma sa questi entrano nel vostro processo di apprendimento. Vi lascia un ampio margine di autonomia, ma allo stesso tempo è sempre a disposizione per darvi suggerimenti e chiarimenti. Sa notare i vostri progressi e voi sentite che il vostro lavoro viene riconosciuto e valorizzato anche dal punto di vista economico.

Con quale datore di lavoro lavorereste di più? Probabilmente, produrreste di più con il secondo, anche se questi non vi controlla in continuazione come faceva il primo capo. Inoltre, paragonando i due datori di lavoro, capireste come mai uno trovi sempre impiegati che alla fine si rivelano dei grandi lazzaroni, e l'altro trovi, invece, dei bravi impiegati.

*Dovremmo sempre tenere a mente
che i numeri sono solo una
semplificazione della realtà.*

Kenneth Boulding

*La realtà è solo una delle
realizzazioni del possibile*

Ilya Prigogine

12

EXTRA

Ogni barca è più sicura in porto, ma non è per quello che è stata costruita. Non mi spingerò sempre in alto mare e, mentre cauto temo le tempeste, non rasenterò troppo da vicino la costa insidiosa. Una sostanza come l' acqua risulta dalla combinazione di elementi come l' idrogeno e l' ossigeno, e tuttavia possiede proprietà molto diverse da quelle di entrambi gli elementi che la compongono. Il composto H_2O non rappresenta la semplice aggregazione dei suoi elementi costitutivi ma è determinato in modo cruciale dalla loro combinazione. Senza la censura della mia tesi universitaria, **"La Teoria della Realtà"**, questo lavoro non sarebbe mai stato scritto. In attesa della sua pubblicazione voglio renderle omaggio con un piccolo estratto in questo capitolo extra. Non temere, al momento opportuno pubblicherò e racconterò tutta la storia nei minimi dettagli e tutto ti sarà più chiaro, capirai, comprenderai, e credimi, non sarai più lo stesso.

Davanti alla mole e alla complessità delle informazioni con le quali dobbiamo confrontarci, tendiamo a ridurre lo sforzo cognitivo e usiamo delle scorciatoie che ci portano ad una percezione approssimativa e distorta della realtà. La Teoria della Realtà di Zeloni Magelli afferma:

L' uomo non può conoscere la realtà. La realtà è troppo complicata perché si possa sopravvivere in essa senza riuscire in qualche modo a semplificarla e ad ordinarla e questo processo implica una perdita di dati. Questa perdita di dati da origine ad una realtà distorta che è diversa da quella originaria.

Ognuno di noi ha le nostre credenze e anche davanti a prove evidenti che dimostrano che siamo in errore tendiamo ad ingannarci ricordando meglio le informazioni in linea con le nostre credenze dimenticando quelle che le disconfermano. La realtà quindi diventa un nostro inganno, una realtà fatta di consonanze cognitive che in precedenza erano dissonanze. La percezione errata della realtà ovviamente compromette l' affidabilità del giudizio di un docente sul profitto di un allievo e questo si ripercuote sul sistema economia - scuola - lavoro, innescando una reazione a catena pericolosa. Nonostante tutto, questa non è una teoria "pessimistica", perché in fondo non è poi così importante sapere come realmente stanno le cose e conoscere la realtà, lo scopo di ogni uomo è quello di realizzarsi, cercando di raggiungere la felicità e realizzare i propri sogni.

« *Alcune persone si arrabbieranno molto se non fossimo in grado di dare un giudizio corretto, io appartenevo a quel gruppo di persone, ma ho cambiato idea.* » Dott. Edoardo Zeloni Magelli

UPGRADE YOUR MIND → zelonimagelli.com

UPGRADE YOUR BUSINESS → zeloni.eu

Riferimenti bibliografici

Adorno T.W., Frenkel-Brunswick E., Levinson D.J. e
Sandford R.N. (1950). *The authoritarianpersonality.*
New York: Harper; trad. it.: La personalità autoritaria,
Milano, Comunità, 1997.

Akrami N., Ekehammar B. e Araya T. (2000). Classical and
modern racial prejudice: a study of attitudes toward
immigrants in Sweden. *European Journal of Social
Psychology*, 30, 521-532.

Allport, G. W. (1954). *The nature of prejudice.* New York:
Addison-Wesley.

Altemeyer, B. (1996). *The authoritarian specter.* Cambridge,
MA: Harvard University Press.

Anthony, T., Copper, C. e Mullen, B. (1992). Cross-racial
facial identification: A social cognitive integration.
Journal of Social Psycology Bulletin, 18, 296-301.

Arcuri L., Boca S. (1996). Pregiudizio e affiliazione politica:
destra e sinistra di fronte all'immigrazione dal Terzo
Mondo. In: P. Legrenzi, V. Girotto (eds.), *Psicologia e
politica.* Milano: Raffaello Cortina Editore, pp. 241-274.

Aronson, E., Blaney, N., Stephan, C., Sikes, J. e Snapp, M.
(1978). *The Jig-saw classroom*, London, Sage.

Aronson, E. e Bridgeman, D. (1979). Jigsaw groups and the
desegregated classroom: In pursuit of common goals. In
Personality and Social Psychology Bulletin, 5, pp.438-
446.

Bagozzi, R. (1999) Atteggiamenti intenzioni
comportamento, Milano: FrancoAngeli

Batson, C. D., Lishner, Cook, J., & Sawyer, S. (2005).
Similarity and nurturance: Two possible sources of
empathy for strangers. *Basic and Applied Social
Psychology*, 27(1), 15–25.

Benokraitis N.V., Feagin J.R. (1986). *Modern sexism: blatant, subtle, and covert discrimination*. Englewood Cliffs: Prentice Hall.

Blalock, H. (1972). *Social statistics*. New York: McGraw-Hill.

Blascovich, J., Mendes,W. B., Hunter, S. B., &Lickel, B. (2000). Stigma, threat and social interactions. In T. F. Heatherton, R. E. Kleck, M. R. Hebl, & J. G. Hull (Eds.), The social psychology of stigma (pp. 307–333). New York, NY: Guilford Press.

Blascovich, J., Mendes, W. B., Hunter, S. B., Lickel, B., & Kowai-Bell, N. (2001). Perceiver threat in social interactions with stigmatized others. *Journal of Personality and Social Psychology*, 80, 253–267.

Bordens, K. S. & Horowitz I. A. (2002). *Social Psycology*, Mahwah, N.J: Lawrence Erlbaum Associates.

Brewer, M.B. e Miller, N. (1984).*Beyond the contact hypothesis: Theoretical perspectives on desegregation, in Groups in contact: The psychology of desegregation*, (Ed.) N. Miller e M.B. Brewer, New York, Academic Press, pp. 281-302.

Brewer M.B. (2005). Obiettivi sovraordinati versus identità sovraordinata come basi della cooperazione intergruppi. In D. Capozza, R. Brown (eds.), *Identità Sociale. Orientamenti teorici e di ricerca*. Bologna: Patròn, pp.193-214.

Brown R. (1995). *Prejudice. Its Social Psychology*. Oxford: Blackwell; trad.it: Psicologia sociale del pregiudizio, Bologna, Il Mulino

Brown, R., & Hewstone, M. (2005). An integrative theory of intergroup contact. *Advances in Experimental Social Psychology*, 37, 255-343.

Campbell D.T. (1965). Ethnocentric and other altruistic motives. In D. Levine (ed.), Nebraska symposium on motivation. Lincoln, NE: University of Nebraska Press, pp. 283-311.

Capozza, D., Andrighetto, L., & Falvo, R. (2007). *Does status influence perception of humanity?* Manuscript submitted for publication.

Cialdini, R. (1995) Le armi della persuasione, Firenze: Giunti Editore

Coenders M., Scheepers P., Snidermann P.M., Verberk G. (2001). Blatant and subtle prejudice:dimensions, determinants and consequences; some comments on Pettigrew and Meertens. *European Journal of Social Psychology*, 31, 281-298.

Contessa, G. (1999). *Psicologia di gruppo.* Brescia: La Scuola

Cooper, H. & Good, T. (1983) Pygmalion grows up: Studies in the expectation communication process. New York: Longman

Davis, J.A. (1959). A formal interpretation of the theory of relative deprivation. In *Sociometry*, 22, pp. 289-296.

Dixon, J. A., Durrheim, K., & Tredoux, C. (2005). Beyond the optimal strategy: A "reality check" for the contact hypothesis. *American Psychologist*, 60, pp. 697–711.

Draine, S. (2003). *Inquisit* (Version 1.33) [Computer software]. Seattle, WA: Millisecond Software.

Eller, A. L., & Abrams, D. (2003). 'Gringos' in Mexico: Cross-sectional and longitudinal effects of language school- promoted contact on intergroup bias. *Group Processes and Intergroup Relations*, 6, pp. 55–75.

Eller, A. L.,&Abrams, D. (2004). Come together: Longitudinal comparisons of Pettigrew's reformulated intergroup contact model and the Common Ingroup Model in Anglo-French and Mexican-American contexts European. *Journal of Social Psychology*, 34, 229–256.

Esses V.M., Dovidio J.F., Jackson, L.M. e Armstrong T.L. (2001). The immigration dilemma: the role of perceived group competition, ethnic prejudice, and national identity. *Journal of Social Issues*, 57(3), 389-412.

Gaertner, S. L., Dovidio, J. F., Anastasio, P. A., Bachman,

B. A., & Rust, M. C. (1993). The common ingroup identity model: Recategorization and the reduction of intergroup bias. In W. Stroebe & M. Hewstone (Ed.), *European Review of social Psychology*, Vol. 4, pp. 1-26.

Gaertner S.L., Dovidio J.F. (1986). The aversive form of racism. In J.F. Dovidio, S.L. Gaertner (ed.): *Prejudice, discrimination and racism*. Orlando: Academic Press, pp. 61-90.

Gaertner, S. L., & Dovidio, J. F. (2000). *Reducing intergroup bias: The common ingroup identity model*. Philadelphia: Psychology Press.

Greenwald, A. G., McGhee, D. E., & Schwartz, J. L. K. (1998). Measuring individual differences in implicit cognition: The implicit association test. *Journal of Personality and Social Psychology*, 74, 1464-1480.

Gurin, P., Dey, E. I., Hurtado, S., & Gurin, G. (2002). Diversity and higher education: Theory and impact on educational outcomes. Harvard Educational Review, 72(3), 330–366.

Gurin, P., Lehman, J. S., & Lewis, E. (2004). *Defneding diversity: Affirmative action at the University of Michigan*. Ann Arbor, MI: University of Michigan Press.

Hamberger J. , Hewstone M. (1997). Interethnic contact as a predictor of blatant and subtle prejudice: Test of a model in four West European nations. *British Journal of Social Psychology*, 35, 173-190.

Haslam, S.A., Turner, J.C., Oakes, P.J. e McGarty, C. (1992). Context-dependent variation in social stereotyping: The effects of intergroup relations as mediated by social change and frame of reference. In *European Journal of Social Psychology*, 22, pp.558-562.

Heitmeyer, W. (Ed.). (2004). Deutsche Zustande. Folge 3 [*The German situation*, Part 3.] Frankfurt am Main. Germany: Suhrkamp Verlag.

Herek, G. M., & Capitanio, J. P. (1996). Some of my best friends:Intergroup contact, concealable stigma, and heterosexuals' attitudes toward gay men and lesbians. *Personality and Social Psychology Bulletin*, 22, 412–424.

Hewstone, M. (2003). Intergroup contact: Panacea for prejudice Psychologist, 16, 352–355.

Hewstone, M., & Brown, R. (1986). Contact is not enough: An intergroup perspective on the "contact hypothesis". In M. Hewstone & R. Brown (Ed.), Contact and conflict in intergroup encounters,pp.1-44. Oxford: Blackwell.

Hewstone, M., Cairns, E., Voci, A., Hamberger, J., & Niens, U. (2006). Intergroup contact, forgiveness, and experience of ''The Troubles'' in Northern Ireland. *Journal of Social Issues*, 62(1), 99–120.

Islam, M. R., & Hewstone, M. (1993). Dimensions of contact as predictors of intergroup anxiety, perceived out-group variability, and out-group attitude: An integrative model. *Personality and Social Psychology Bulletin*, 19, 700-710

Jaccard, J., Wan, C. K. & Turrisi, R. (1990). The detection and interpretation of interaction effects between continuous variables in multiple regression. *Multivariate Behavioral Research*, 25, pp. 467-478.

Judd, C. M. & Park, B. (1993). Definition and assessment of accuracy in social stereotypes, *Psychological Review*, 100, 109-128.

Kelman, H. (in press). Bridging individual and social change in international conflict: Contextual social psychology in action. In U. Wagner, L. Tropp, G Finchilescu, & C. Tredoux (Eds.), Improving intergroup relations: Building on the legacy of Thomas F. Pettigrew. Oxford, UK: Blackwell

La Barbera F., Andrighetto L., Trifiletti E. (2007). *Stress e videofeedback: uno studio pilota in Italia*. Bologna: Pàtron.

Lee, A. Y. (2001). The mere exposure effect: An uncertainty reduction explanation revisited. *Personality and Social*

Psychology Bulletin, 27, 1255-1266.

Lee, B. A., Farrell, C. R., & Link, B. G. (2004). Revisiting the contact hypothesis: The case of public exposure to homelessness. *American Sociological Review*, 69, 40-63.

Leone L., Chirumbolo A., Aiello A. (2006). Pregiudizio sottile e pregiudizio manifesto: alcuni rilievi critici sullo strumento di Pettigrew e Meertens (1995). *Giornale Italiano di Psicologia*, 33(1),175-195.

Levin, S., van Laar, C., & Sidanius, J. (2003). The effects of ingroup and outgroup friendships on ethnic attitudes in college: A longitudinal study. *Group Processes and Intergroup Relations*, 6, pp. 76–92.

Maass A., Castelli L., Arcuri L. (2005). Misurare il pregiudizio: tecniche implicite versus esplicite. In D. Capozza, R Brown (ed.), *Identità Sociale. Orientamenti teorici e di ricerca*. Bologna: Patròn.

Mancini T., Carbone E. (2007). Identità territoriale, nazionale, europea, culturale e cosmopolita e pregiudizio latente e manifesto. Una ricerca su un gruppo di studenti universitari. *Giornale Italiano di Psicologia*, 1, 117-146.

McFarland, S. (1999). Is authoritarianism sufficient to explain individual differences in prejudice? Unpublished paper delivered at the Oxford, *England meeting of the European Association for Experimental Social Psychology*.

McGarry, J., & O'Leary, B. (1995). Explaining Northern Ireland: Broken images. Oxford, UK: Blackwell

MacLure, M., Jones, L., Holmes, R. e MacRae, C. (2008) Becoming a problem: how and why children acquire a reputation as 'naughty' in the earliest years at school. Economic and Social Research Council

Mendes,W. B., Blascovich, J., Lickel, B., & Hunter, S. (2002).Challenge and threat during social interaction with and black men. *Personality and Social Psychology Bulletin*, 28, pp. 939-952.

Moghaddam (2002). *Psicologia sociale*, Bologna:

Zanichelli.

Moghaddam F.M. (2008). The materialist view: from realistic conflict theory to evolutionary psychology. In F.M. Moghaddam, Multiculturalism and intergroup relations: Psychological implications for democracy in global context. Washington, DC: APA, pp. 65-88.

Paolini, S., Hewstone, M., Cairns,&Voci, A. (2004). Effects of direct and indirect cross-group friendships on judgments of Catholics and Protestants in Northern Ireland: The mediating role of an anxiety-reduction mechanism. *Personality and Social Psychology Bulletin*, 30, pp. 770–786.

Pedersen A., Walker I. (1997). Prejudice against Australian Aboriginals: Old-fashioned and modern forms. *European Journal of Social Psicology*, 27(5), pp. 561-587.

Pettigrew, T. F. (1991). *The importance of cumulative effects: A neglected emphasis of Sherif's work*. In D. Granberg & G. Sarup (Eds.), Social judgment and intergroup relations: Essays in honor of Muzafer Sherif (pp. 89–103). New York, NY: Springer-Verlag.

Pettigrew, T. F. (1998). Intergroup contact theory. *Annual Review of Psychology*, 49, 65-85.

Pettigrew, T. F. (1997). Generalized intergroup contact effects on prejudice. *Personality and Social Psychology Bulletin*, 23,173–185.

Pettigrow, T. F. (2008). Future directions for intergroup contact theory and research, *International Journal of Intercultural Relations*, 32, 187-199.

Pettigrew, T. F. & Meertens, R. W. (1995). Subtle and blatant prejudice in western Europe. *European Journal of Social Psychology*, 25, 57-75.

Pettigrew T.F., Meertens R.W. (2001). In defense of the subtle prejudice concept: a retort. *European Journal of Social Psicology*, 31, 299-310.

Pettigrew, T. F. & Tropp, L. R. (2006). A meta-analytic test of intergroup contact theory, *Journal of Personality and Social Psychology*, 90(5), pp. 751-783.

Richeson, J. A., & Shelton, J. N. (2003). When prejudice does not pay: Effects of interracial contact on executive function. Psychological Science, 14,287-290.

Richeson, J. A., & Shelton, J. N. (2007). Negotiating interracial interactions. *Current Directions in Psychological Science*, 16(6), 316–320.

Richeson, J. A., Trawalter, S., & Shelton, J. N. (2005). African American's implicit racial attitudes and the depletion of executive function after interracial interactions. *Social Cognition*, 23, pp. 336-352.

Rubini M., Moscatelli S., 2004. Categorie e gruppi sociali: alle radici della discriminazione intergruppi. *Giornale Italiano di Psicologia*, 1, 25-68.

Rueda J.F., Navas M. (1996). Hacia una evaluacion de las nuevas formas del prejudicio racial: Las actitudes sutiles del racismo. *Revista de Psicologia Social*, 11, 131-149.

Runciman, W.G. (1966). Relative deprivation and social justice, London, Routledge; trad. it. *Ineguaglianza e conoscenza sociale: l'idea di giustizia sociale nelle classi sociali*, Torino, Einaudi, 1972. Rosenthal, R. (1994). Interpersonal expectancy effects: A 30-year perspective. Current Directions in Psychological Science, 3, 176-179.

Rosenthal, R. & Jacobson, L. (1992) *Pygmalion in the classroom*. Expanded edition, New York: Irvington Publishers

Rothbart, M. & John, O. P. (1985). Social categorization and behavioral episodes: A cognitive analysis of the effects of intergroup contact, *Journal of Social Issues*, 41, 81-104.

Sears D.D. (1988). Simbolic racism. In P.A. Katz, D.A. Taylor (eds.), *Eliminating racism: profiles in controversy*. New York: Plenum Press, pp. 53-84.

Sherif, M. (1966). *In common predicament*. Boston, MA:

Houghton Mifflin.

Sherif M. (1967). *Social Interaction, Process and Products*.
Chicago: Aldine; trad. it.: L'interazione sociale,
Bologna, Il Mulino, 1972.

Shelton, J. N., Richeson, J. A., & Salvatore, J. (2005).
Expecting to be the target of prejudice: Implications for
interethnic interactions. *Personality and Social
Psychology Bulletin*, 31(9), 1189-1202.

Shelton, J. N., Richeson, J. A., Salvatore, J., & Trawalter, S.
(2005).Ironic effects of racial bias during interracial
interactions. *Psychological Science*, 16(5), 397-402

Shelton, J. N., & Richeson, J. A. (2006). Ethnic minorities'
racial attitudes and contact experiences with people.
Cultural Diversity and Ethnic Minority Psychology,
12(1), 149-164

Sidanius, J.,&Pratto, F. (1999). *Social dominance: An
intergroup theory of social hierarchy and oppression*.
Cambridge, UK: Cambridge University Press.

Snyder, M., Tanke, E.D., & Bersheid, E. (1977). Social
perception and interpersonal behavior: On the self-
fulfilling nature of social stereotypes. *Journal of
Personality and Social Psychology*, 35, 656-666.

Stephan, W. G. & Stephan, C. W. (1985). Intergroup
anxiety. *Journal of Social Issues*, 41, 157-175.

Stephan, W. G., Stephan, C. W., & Gudykunst, W. B.
(1999). Anxiety in intergroup relations: A comparison of
anxiety/uncertainty management theory and integrated
threat theory. *International Journal of Intercultural
Relations*, 23, 613–628.

Stephan,W. G., Boniecki, K. A., Ybarra, O., Bettencourt, A.,
Ervin, K. S., Jackson, L. A., et al. (2002). The role of
threats in the racial attitudes of Blacks and s. *Personality
and Social Psychology Bulletin*, 28, 1242-1254

Tajfel, H. (1981) *Human groups and social categories*.
Cambridge, UK: Cambridge University Press.

Tajfel H., Billig M.G., Bundy R.P., Flament C. (1971).

Social categorization and intergroup behaviour. *European Journal of Social Psychology*, 1, 149-178.

Tajfel H. e Turner J.C. (1979). An integrative theory of intergroup conflict. In W.G. Austin e S. Worchel (eds.), *The Social Psychology of Intergroup Relations*. Monterey, CA: Brooks/Cole, pp. 33-47.

Tajfel, H., & Wilkes A. L. (1963). Classification and quantitative judgment, British *Journal of Social Psychology*, 54, 101-114.

Taino, D. (2009) La ricerca tedesca: Gli insegnanti non credono negli alunni e il rendimento diminuisce, Corriere della Sera, 20 settembre 2009

Taylor, D.A. e Moriarty, B.F. (1987). In-group bias as a function of competition and race. *Journal of Conflict Resolution*, 31, pp. 192-199.

Tropp, L. R., & Pettigrew, T. F. (2005a). Differential relationships between intergroup contact and affective and cognitive dimensions of prejudice. *Personality and Social Psychology Bulletin*, 31(8), pp. 1145–1158.

Tuckman, B. (1965). "Developmental Sequence in Small Groups" *Psychological Bulletin* 63 pp. 384-399.

Vala J., Brito R., Lopes D. (1999). O racismo flagrante e o racismo subtil em Portugal. In J. Vala (Ed.), *Novo racismos: Perspectivas comparativas*. Oeiras: Celta, pp. 31-59.

Vescio, T. K., Sechrist, G. B., & Paolucci, M. P. (2003). Perspective taking and prejudice reduction: The mediational role of empathy arousal and situational attributions. *European Journal of Social Psychology*, 33, 455–472.

Voci, A.,& Hewstone, M. (2003). Intergroup contact and prejudice toward immigrants in Italy: The mediational role of anxiety and the moderational role of group salience. Group Processes and Intergroup Relations, 6, 37-54.

Williams, R. M., Jr (1947). The reduction of intergroup

tensions. New York: *Social Science Research Council.*

Wright, S. C., Aron, A., McLaughlin-Volpe, T.,&Ropp, S. A. (1997). The extended contact effect. *Journal of Personality and Social Psychology*, 73, 73–90.

Zajonc, R. B. (1968). Attitudinal effects of mere exposure. Journal of Personality and Social Psychology, 9 (Monograph Supplement, No. 2, part 2), 1–27.

Zanon, A. Come le nostre aspettative influenzano le relazioni con gli altri: l'effetto pigmalione (http://www.ilmiopsicologo.it/pagine/ come_le_nostre_aspettative_influenzano_le_relazioni_con_g li_altri_l_effetto_pigmalione.aspx) (consultato il 10 Ottobre 2010).

Zeloni Magelli, E. (2010) *La Teoria della Realtà.*

www.ingramcontent.com/pod-product-compliance
Lightning Source LLC
Chambersburg PA
CBHW070935030426
42336CB00014BA/2692